www.tredition.de

AF185530

Jasmin Lukesi

Manchmal muss es ZUCKER WATTE sein

Ein Familien-Blogtagebuch

www.tredition.de

© 2021 Jasmin Lukesi

Lektorat, Layout, Cover: Dr. Matthias Feldbaum, Augsburg
Coverabbildung: macrovector/Freepik.com

Verlag und Druck:
tredition GmbH, Halenreie 40–44, 22359 Hamburg

ISBN
Hardcover: 978-3-347-27979-7
Paperback: 978-3-347-27978-0
E-Book: 978-3-347-27980-3

Bibliografische Information der Deutschen National-bibliothek: Die Deutsche Nationalbibliothek verzeichnet diese Publikation in der Deutschen Nationalbibliografie; de-taillierte bibliografische Daten sind im Internet über http://dnb.d-nb.de abrufbar.

PROLOG 1

»Mama, ich hab mir ein Iglu gebaut, du willst doch auch, dass ich es warm habe, oder?«

Jojo sitzt nach einem ausgiebigen Duschbad vor mir und deckt sich mit Handtüchern ein. Das sogenannte Iglu besteht aus dem Berg von kleinen und großen Tüchern, in die er sich gewickelt hat.

Ich muss fast weinen bei dem Gedanken, wie groß er plötzlich schon ist und erinnere mich daran, wie alles einmal angefangen hat.

PROLOG 2

Alles begann damit, dass ich unbedingt und um jeden Preis schwanger werden wollte. Wenn einem dann gesagt wird »Entspann dich!«, ist es in etwa so, als würde jemand sagen: »Kratz dich nicht, wenn es juckt.«

Das gilt auch fürs Schwangerwerden. Es war ein leidiges Thema – und dauerte ca. fünf Jahre an.

Mittlerweile wird unser Sohn fünf Jahre alt und ich kann nur darüber lächeln und grinsen, was ich damals über das Babythema geschrieben habe.

Aber ich möchte sie an dieser Stelle nicht unnötig langweilen und weiter auf die Folter spannen: Lesen Sie einfach selbst und lassen Sie sich an der richtigen Stelle ein wenig aufmuntern und ermutigen.

HIBBELZEIT

Eigentlich ging es mir gut, wenn da nicht dieses leidige Babythema gewesen wäre.

Es ist eine ganze Weile her, als ich zu meinem Mann sagte: »So, jetzt fühle ich mich bereit, ein Kind zu bekommen.«
Er war einverstanden und so kam unser Liebesleben in Fahrt. Nach etwa vier Zyklen war ich immer noch nicht schwanger, dafür schien mein Umfeld umso fruchtbarer zu sein.

Nun dachte ich aber nicht daran aufzugeben, hatte ich doch alles so schön geplant und schwanger werden sollte ja bekanntlich anstreckend sein.

Also wartete ich sehnsüchtig auf die »Infektion«. Doch es tat sich nichts. Um die Weihnachtszeit war da jedoch ein plötzlicher Heißhunger auf Fleisch. Wer mich kennt, weiß, dass ich lieber vegetarisch esse, doch auf einmal wurde ich vom Pflanzen-zum Fleischfresser. Also rannte ich voller Vorfreude zu meiner Frauenärztin und bat sie mich zu testen.

Sie machte einen Ultraschall, runzelte die Stirn und sagte: »Ja, doch ich bin mir fast sicher, dass sich da was eingenistet hat. Hier gebe ich ihnen schon mal Folsäure zum Aufbau mit, und wenn die Regel nächste Woche ausbleibt, dann kommen sie wieder.« So ging ich freudig nach Hause und wartete, bis die Regel da war. Drei Mal ließ ich mich auf die Prozedur ein. Dieselbe Ärztin, dieselben Äußerungen: Ja doch, das Gespräch darüber könnten wir uns gespart haben. Könnte, könnte ...

Ich setzte mich ab da mit meiner schwierigen Familiensituation auseinander und kam zu der traurigen Erkenntnis, dass sie nicht unschuldig an meiner Kinderlosigkeit war. Daraufhin fasste ich den Entschluss, mein Leben erst einmal umzukrempeln. Das hieß nicht etwa die Möbel umzustellen, sondern direkt den Wohnbezirk zu wechseln. Frei nach dem Motto: Jetzt kümmere ich mich um mich.

Als meine Frauenärztin nach zwölf Monaten schließlich Bedenken einräumte: »Na ja, sie sind verheiratet und Erzieherin« und weiterhin empfahl: »Da hilft nur Geduld und Spucke«, wechselte ich sie ebenfalls und machte mein Projekt Lebenswandel komplett.

Bei der »Neuen« fühlte ich mich verstanden. Wir machten Test, die mein Mann und ich alle »bestanden«. Sie gab mir den Zeitpunkt vor, wo wir es noch einmal probieren sollten, doch auch das brachte nicht den gewünschten Erfolg. Dann riet sie mir, mich einfach zu entspannen.

Ich ging also schwimmen, ernährte mich besser, las in Büchern wie z. B. *Gelassen durch die Kinderwunschzeit*, aber nichts davon half. Jeden Monat fiel ich von Neuem in ein tiefes Loch. Sie kennen das vielleicht. Mein Mann holte mich wieder heraus. Meine Regel war immer pünktlich, aber wenn man sich ein Kind wünscht, verändert sie sich manchmal. Das war bei mir nicht der Fall, also war ich vollkommen aufgeregt, als sie plötzlich »bummelte«. So schnell, wie sie da war, war sie wieder weg. Und dann war auch noch Hochsommer und meine Kollegin merkte an: »Du siehst so weich aus, na bist du vielleicht schwanger.« Ab da dachte ich: Vielleicht hat sie recht, vielleicht ist mir deshalb schwindelig und die Brust spannt.

Und dann war sie plötzlich nach fünfzehn Stunden wieder da. Jetzt machte ich einen Test, das konnte nicht mit rechten

Dingen zugehen und hatte nicht meine Cousine noch erwähnt: »Das hat nichts zu heißen, das war bei mir auch so.«

Als ich übrigens den Test davor machte, war es auch sie, die vorschlug erst mal zusammen zu beten und dann an einer Bushaltestelle das Ergebnis abzulesen.

Doch als wir dann oben waren und ich es vor Ungeduld nicht mehr aushalten konnte, klingelte ihr Telefon und sie ging doch tatsächlich heran. Ich musste warten, bis sie endlich fertig telefoniert hatte, ich verwünschte ihren Mann innerlich: Wie konnte er im wichtigsten Moment meines Lebens anrufen? Dann war es so weit: Wir hielten uns fest im Arm, soweit das mit ihrer Babykugel möglich war und lasen gemeinsam das Ergebnis: nicht schwanger.

Ich rate jedem: Finger weg von digitalen Teststreifen. Da gibt es keinen Strich, der eventuell rosa ist und den man vielleicht übersehen hat. Nein, gnadenlos wird dir ins Gesicht geschrien: »Ätsch. Nicht bestanden!«

Heulend zu Hause angekommen, empfing mich mein Mann: »Ab jetzt keine Hibbelei mehr, das nächste Mal machen wir den Test zusammen.«

Er hatte recht. Ich war mal wieder viel zu ungeduldig und er mit seinem Latein am Ende. Was hatte er nicht schon alles mit mir zusammen ausprobiert. Folsäure geschluckt, auf Cola verzichtet, sogar eine Fruchtbarkeitsmassage hatte er mit mir ohne Meckern durchgezogen.

Die Massagen waren nett, auch wenn nichts dabei herumgekommen ist.

Bei jeder vermeintlichen Heißhungerattacke, bei Brustschmerzen oder Übelkeit stand er in den Startlöchern, um mich zu trösten.

Es passierte weiterhin nichts bis auf ein peinliches Vorkommnis und das war so:

Ich testete jeden Morgen meine Fruchtbarkeit und einmal fiel diese direkt zusammen mit unserem Übernachtungsbesuch aus Holland. Wir redeten nicht lange drum herum, schickten die Gäste am Nachmittag weg. Die Erklärung für deren siebenjährigen Sohn fiel folgendermaßen aus: »Wir gehen noch mal spazieren, die beiden müssen ›wibbelen‹ um ein Baby zu bekommen.«

Wer jemals in einer ähnlichen Lage steckte, weiß, wie unangenehm sie ist, und dass man selbst viel zu unentspannt ist, da die Gäste ja jeden Moment zurückkommen könnten. Also machten wir schnell und danach noch schnell die Wohnung sauber.

Als sie wieder zurück waren, ging ein Raunen durch den Raum: »Ihr hattet noch Zeit die Wohnung zu putzen?«

Darauf habe ich nicht geantwortet.

Nach diesem gescheiterten Versuch gab es noch Millionen anderer guter Ratschläge und jeder weiß, so lächerlich es auch klingen mag, dass man dreißig Minuten eine Kerze machen soll (die Gymnastikübung danach!!), du tust es, denn ein kleines bisschen ist die Hoffnung da, dass es tatsächlich so klappen könnte. Du lässt deinen Mann vorher noch Kaffee trinken, weil du gehört hast, dass es die Spermien schneller machen soll.

Du denkst nicht drüber nach, sondern tust es einfach. Und ich ebenfalls: Ich machte brav meine Kerze, bis ich meine Beine kaum noch spüren konnte, und dann passierte es: Ich fing mittendrin lauthals an zu lachen, weil ich bemerkt hatte, wie absurd das Ganze war. Was dachte ich? Dass ich die Spermien überlisten konnte? Ich lachte und lachte wie eine

Wahnsinnige und bei der nächsten Menstruation – denn die Gymnastik hatte nichts bewirkt – schmiss ich sämtliche Bücher, Test-Sets und Sorgen über Bord, bis zum nächsten Anruf meiner besten Freundin: »Ich bin zum zweiten Mal schwanger.«

Mein Mann fragte nur: »Gehts?«

»Ja ich mache mich nicht mehr verrückt.«

»Jaja, das kannst du nicht«, erwiderte er darauf. »Du bist nun mal eine Frau, und ihr seid wie Archäologinnen – wenn ihr gerade keine Probleme habt, grabt ihr so lange, bis ihr eines findet, auch wenn es ein altes ist. Wir Männer dagegen sind spitzenmäßig im Verbuddeln von Sachen. Problem nicht gelöst, Problem begraben. Und dann widmen wir uns einfach neuen Dingen. Unser Baby ist eben ein Spätzünder, genau wie ich.«

Ich lächelte nur, denn ich wusste: Er hatte recht.

Hibbelei I

Leider hielt das mit meinem Glauben nicht lange an: Wissen Sie, vorher kannte ich den Begriff »Hibbeln« überhaupt nicht. Wer hatte sich das eigentlich ausgedacht?

Aber jeder, der Internet hat, kann sich leider in diversen Seiten anmelden, wo die anderen fleißig »mithibbeln« und sich über Scheinsymptome austauschen. Wie auch sonst ist stetiger Informationsfluss in dieser Art nicht gerade hilfreich. Ich will schon draußen eigentlich nicht sehen, wer alles wieder oder erstmals schwanger ist. Was nützt es mir also, das jetzt noch im Netz aufs Brot geschmiert zu bekommen?

Ich beschloss also nach einiger Zeit, dass ich dort nicht mehr langsurfen würde. Es blieb bei dem Beschluss, natürlich kam ich wieder und wieder in Versuchung, Symptome miteinander zu vergleichen, mir noch andere Tipps geben zu lassen.

Schließlich, nach drei Jahren, sah ich ein, dass unser Baby wirklich ein Spätzünder war. Ich wollte nicht aufhören zu glauben, dass es noch klappen würde. Die Ärztin aber riet uns in den Urlaub zu fahren und zu verhüten um entspannter zu sein.

Und aus der Hibbelzeit wurde nun die »Urlaubszeit«.

Urlaubszeit

Die Urlaubszeit begann und wir fuhren tatsächlich weg, ausgerüstet mit einer großen Portion Vertrauen in Gott und die Welt.

Endlich entspannen, lautete unsere Devise. Zumindest theoretisch taten wir das. Nun ist es ja allgemein bekannt, dass sich Probleme nicht über Nacht auflösen, sondern lediglich verlagern. So war es auch bei uns. Was machen wir denn mit dieser neugewonnenen Freiheit?

Lass uns ans Meer fahren, da lass ich am besten los.

Gut. Also an die polnische Ostsee. Als wir dort ankamen, wurde aus der gemieteten Ferienwohnung ein Zimmer, in einem Einfamilienhaus, das voller Familien steckte. Unnötig zu erwähnen, dass es mir dabei ein kleines bisschen schwerfiel, dieses Thema auszulassen.

Die Familien benutzten ein Bad und die Küche mit uns gemeinsam. Ein Paar mit einer kleinen Fünfjährigen. Zeit zu zweit wurde ab da doch etwas rar. Eines Abends bekam eine von den anderen Frauen im Haus einen Kreislaufkollaps und musste ins Krankenhaus. Ihre Bekannten, die Eltern der Mädchen begleiteten sie und wir sprangen kurzerhand als Babysitter ein. Wir brachten uns bis dahin völlig fremde vorpubertäre Mädchen ins Bett, nötigten sie zum Zähneputzen und beruhigten sie abwechselnd, dass ihre Eltern sicher gleich wieder da wären und sie ja solange fernsehen könnten.

Diese kamen dann exakt vier Stunden später, mitten in der Nacht, zurück, nicht ohne ein Grinsen und dem netten Spruch: »Na, so konntet ihr ja wenigstens schon mal üben ihr zwei.« Ich konnte vor Erschöpfung kaum noch stehen und meinem Lieben ging es nicht anders, Wie gerädert lagen wir auf dem Bett, völlig unfähig dem Babythema irgendeine Bedeutung zuzumessen.

Gott hatte hier wirklich Humor bewiesen: Auf der Suche nach Entspannung hatten wir uns gleich mal als Ersatzeltern für eine Nacht versuchen dürfen.

Am nächsten Tag am Strand kamen wir ein wenig zur Ruhe. Wir waren nur leider nicht die Einzigen, die sich so früh auf dem Weg zum Meer gemacht hatten. Überall wo man hinsah, hatten sich die Einheimischen regelrechte Forts aufgebaut. Der normale Windschutz hatte scheinbar nicht mehr ausgereicht und statt auf dem Bauch zu liegen und sich bräunen zu lassen standen überall Menschen vor diesen Abgrenzungen und waren tiefbraun gebrannt; sie hatten wohl schon lange so dagestanden.

Ich beobachtete das Ganze, neugierig, wie diese Form von Sonnenbaden funktionierte. Ab und zu drehten sie sich immer der Sonne entgegen. Hände in die Hüften gestemmt, zur Abkühlung ins Wasser und dann wieder hingestellt. Stunden später waren sie schwarzbraun gebrannt. Aber das war nicht das einzige Schauspiel, was sich mir bot. Plötzlich tauchte ein Verkäufer mit Bauchladen vor mir auf, der uns Popcorn anbot.

Das war was für mich: am Meer zu liegen, das Treiben am Strand zu beobachten und genüsslich dazu Popcorn zu knabbern. Es gab nichts Besseres in diesem Moment. Und endlich war ich mit meinen Gedanken woanders und fühlte mich tiefenentspannt.

Das Privatkonzert

Mein Mann war jetzt eher nicht das Romantikmodell, aber irgendwie gerieten wir manchmal in Situationen, in denen uns so viel Romantik entgegengeworfen wurde, dass es selbst ihm schwerfiel, einfach wegzusehen oder wegzuhören.

So geschehen beim Ausflug in Kolberg. Es war heiß, wir flüchteten wieder einmal vor unserem Ferienzuhause und hatten großen Appetit und noch größeren Hunger.
Weit und breit waren die Restaurant-Terrassen bis auf den letzten Platz besetzt. Es gab keine Alternativen bis auf ein paar polnische Pommesbuden. Das wollte ich nun auch nicht. Wir waren schon auf dem Weg zu unserem Auto, als wir an einem kleinen italienischen Lokal vorbeispazierten. Ein Musiker war gerade dabei seine Gesangsanlage aufzubauen. Der Musiker, schon etwas grau an den Schläfen, bat uns Platz zu nehmen. Das ließ ich mir nicht zweimal sagen. War mir doch egal, was es schließlich zum Essen geben würde, wir bekamen ein Privatkonzert. Wie erwartet sang er dann auch so schön schmalzig, dass mir die billige Portion Spaghetti Frutti di Mare doppelt so gut schmeckte, und mein Mann kuschelte sich sogar zu mir herüber und ließ sich von der Schmusestimmung

anstecken. Das machte den ganzen Ärger mit der falschen Zimmerbuchung wett und auch am nächsten Tag war ich noch so gut gelaunt, dass ich mich zu einem Abschiedsgrillen mit den anderen Ferienbewohnern hinreißen ließ und es auch mal genießen konnte unter so vielen Familien zu sein. Allerdings beschlich mich dabei das Gefühl, dass Eltern überall lockerer mit ihren Kindern umgehen als zu Hause.

Die Kinder durften den ganzen Abend fernsehen, Süßigkeiten essen und bekamen nur ein genuscheltes »Okay« als Antwort darauf, ob sie die Nacht aufbleiben durften. Es war, als wären alle Erziehungsregeln außer Kraft gesetzt. Hauptsache Ruhe vor dem Nachwuchs und unter Gleichaltrigen Party machen.

Das ließ mich nachdenken. Stellte ich mir das Familienleben vielleicht zu rosarot vor?

Ich bekam von meinem Mann die richtige Antwort darauf: »Wir werden es anders machen.«

Und daran hielt ich erst mal innerlich fest.

Wir genossen unseren zehn Tage Urlaub in Polen, so lange wir aus dem Haus waren und stellten uns dabei sonderbaren Gefahren. Eins vorab: Versuchen sie nie, wirklich niemals in Polen über einen Zebrastreifen zu gehen, in der Annahme, der Autofahrer würde schon bremsen. Das werden sie vielleicht nicht heil überstehen. Ich unterhielt mich eben noch mit meinem Mann, schlenderte wie selbstverständlich Richtung Zebrastreifen, als ich fast umgenietet wurde. Die polnischen Autofahrer halten nicht. Es herrschen anscheinend komplett andere Regeln, wenn es um den Autoverkehr geht. Selbst mein Liebster war sichtlich geschockt. Er zog mich im letzten Moment zu sich herüber, damit mir nichts passierte. Ich fluchte dem Autofahrer einiges hinterher, aber das hatte keinen Sinn, er war schon weg.

Unliebsame Gäste

Die Nächte in dem viel zu kleinem Bett mit der zu weichen Matratze wurden nicht besser. Ganz im Gegenteil – lockere Stimmung wollte nicht so recht aufkommen, weil ich mich plötzlich ständig kratzen musste. Nun hatten meine Eltern Katzen und ich weiß, wie Flohbisse aussehen, da ich als Kind bereits einem zum Opfer gefallen war. Das konnte doch nicht wahr sein.

Wir waren hierher gefahren um als Ehepaar ungestört zu entspannen und jetzt hatte ich Flöhe. Unnötig zu sagen, dass an Lust und Liebe nicht mehr zu denken war. Seltsamerweise war nur ich betroffen.

Ich fragte nach einer juckreichen Nacht die Vermieterin, wer denn sonst in diesem Bett schliefe, und sie antwortete mir: »Mein Sohn.« Vorsichtig fragte ich weiter: »Hat der vielleicht Katzen?«

»Auf keinen Fall, er ist hoch allergisch.« Ich verkniff mir den Rest. Sie fragte: »Warum interessiert Sie das?« 0

»Weil ich durch seine Bettwäsche hin Flöhe bekommen habe. Es juckt furchtbar.«

Sie nickte mitfühlend: »Das kenne ich, ich bringe Ihnen eine Salbe. Ich war erst neulich wieder mit meinen zwei Hunden beim Arzt, weil sie welche hatten. Tun sie das zweimal am Tag drauf, dann ist der Juckreiz weg und die Flöhe auch.«

Ich fragte sie nicht noch, ob ihre Hunde vielleicht vorher in unserem Bett geschlafen hatten, nahm aber dankbar die Tube an und tat, wie sie es angeraten hatte.

Und langsam war der zehntägige polnische Ostsee-Urlaub auch vorbei und wir hatten auch nicht eine Nacht »zusammen« verbracht.

Und dann wurde ich wieder in den unfreiwilligen kinderlosen Alltag gebeamt und das ganze Hibbeln begann von vorn.

Hibbelei II

Es gibt unzählige Möglichkeiten sich im Internet Auskunft darüber zu holen, wann die fruchtbaren Tage sind. Wenn Sie meine Meinung hören wollen, lassen Sie es besser dort nachzusehen.

Ich ging zu meiner Frauenärztin und erzählte ihr davon. Sie war nur mäßig angetan und meinte, nun gut, beginnen wir wieder von vorne, aber jetzt lassen wir ihren Mann testen.

Das Ergebnis war zufriedenstellend, also lag es auch nicht an ihm und ich begann an mir zu zweifeln und allmählich den Glauben zu verlieren. Die Urlaubszeit war sehr schön, aber langsam wollte ich doch wieder an meinem Wunsch arbeiten, ein Kind zu bekommen.

Eines Tages wurden wir mit den Worten »Wir können an dieser Stelle nichts mehr für sie tun« aus der Praxis ausgesondert. Wir fragten uns schon, was das bedeuten könnte, da wedelte die Ärztin bereits mit einer Visitenkarte. »Kinderwunschzentrum« stand darauf.

Wieder musste mein Mann sich testen lassen. Und das war angesichts der Umstände mehr als witzig. Er fragte doch tatsächlich an der Rezeption, ob er den Becher vollmachen müsste! Ich war nicht dabei, aber erntete beim nächsten Mal ein breites Grinsen im Gesicht der Angestellten. Wir entschieden uns nach reiflicher Überlegung, dass es keine Option war, sich künstlich befruchten zu lassen. Und auch dort riet man uns, erst noch mal abzuwarten.

Beim nächsten Mal wurde uns der richtige Zeitpunkt genannt und wir taten gut, uns daran zu halten. Ich sollte später zur Blutabnahme, um festzustellen, ob ich schwanger war. Aufgeregt rief ich zum genannten Zeitpunkt an, um das Ergebnis zu erfahren.

Und dann kam der Schock: »Es tut uns leid, aber wir können ihre Probe und das Ergebnis gerade nicht finden, bitte probieren Sie es morgen noch einmal.«

Man könnte denken, wer solange gewartet hat, bei dem kommt es auf einen Tag mehr oder weniger auch nicht an. Aber ich wäre der Frau im Telefon am liebsten an die Gurgel gesprungen und mein Herz setzte für einen Moment aus.

Ich beruhigte mich jedoch und sagte nur: »In Ordnung, bis morgen.«

Endlich kam der nächste Morgen und ich rief noch einmal an. Da sagte die Stimme, die ich gestern noch innerlich für ihre Inkompetenz verflucht hatte doch tatsächlich nach fünf Jahren: »Herzlichen Glückwunsch, der Test ist positiv.«

Völlig verwirrt fragte ich: »Heißt das, ich bin schwanger?«

»Ja, das heißt das.« Nun sieht man in den Hollywoodfilmen an dieser Stelle oft wie die Frau etwas für den Mann vorbereitet, das ihm durch die Blume sagen soll, dass sie ein Baby bekommt. Ehrlich gesagt, ist es nicht meine Art, so etwas Subtiles vorzubereiten.

Ich konnte es nicht für mich behalten und rief ihn noch während seiner Arbeitszeit an: »Wir bekommen ein Baby!«, brüllte ich ihm fast ins Ohr und er erwiderte nur: »Wirklich, das ist schön. Ich habe es dir doch gesagt.«

Hallo, dachte ich, das ist wieder mal typisch für ihn: Ich erzähle ihm etwas, das unser ganzes Leben verändert und er hört sich an, als bringe er nebenbei den Müll herunter. So abgeklärt und cool, dass ich es kaum aushalten konnte. Mit dem Ergebnis hörte ich direkt auf zu arbeiten, dank eines Beschäftigungsverbotes und es begann eine sehr aufregende Zeit für mich und uns.

Voll schwanger

Hunger!!!!!

Das Erste, was mir am Schwangersein auffiel, war das permanente Hungergefühl und wie schlecht ich mich fühlte, wenn ich dem nicht nachgab.

Leider war mein Appetit sehr launenhaft dabei. Ich machte mir in der ersten Minute eine leckere Pasta mit Lachs, nur um dann festzustellen, dass das mein neuer kleiner Mitbewohner überhaupt nicht mochte. Ich bekam sofort einen Würgereiz und goss die Pasta samt Fisch in die Toilette.

Und so war es Monat für Monat. Hatte ich gerade Essattacken auf Fleisch entwickelt, waren es plötzlich nur noch Eis und Fruchtsäfte. Bei denen übertrieb ich es aber anscheinend, denn meine Frauenärztin schimpfte mit mir, was ich denn da konsumiert hätte, ich hatte in vier Wochen über vier Kilo zugenommen. Ab sofort bekam ich eine Obstdiät verordnet. Auf Diät in der Schwangerschaft, was gab es Grausameres, doch schließlich wollte ich ja dem Baby keinen Zucker anhängen, also hielt ich mich daran. Meistens jedenfalls.

Mit den Feiern war es vorbei. Ich konnte die eine Hälfte vom Buffet nicht essen und die andere nicht riechen. Aber ich hielt durch, bis ich mit meiner Freundin telefonierte, sie empfahl mir eine Woche babyfreie Zeit. Das bedeutete: Essen, was ich wollte, soviel Süßes und Fettiges, was mein Herz begehrte und danach wieder kürzertreten. Ich stimmte dem zu, war ich doch schon ganz verzweifelt gewesen.

Ich war noch nie so aufgeregt beim Einkauf im Supermarkt: Ich fegte einfach alles in den Wagen, was da im Süßigkeitenregal stand. Und die Woche verputzte ich die gesamte Ration und fühlte mich wie im Zuckerhimmel.

Die kleinen Freuden

Danach begann ich zu shoppen. Ich wurde ganz sentimental und wollte unbedingt zwei T-Shirts, die mich ans Schwangersein erinnern würden. Eines fand ich besonders schön: »psst, baby boy is sleeping«.

Überall wo ich damit auftauchte, wurde ich ausgefragt und beglückwünscht. Zwei kleine Mädchen fragten mich an der Haltestelle: »Du, was steht da auf deinem T-Shirt?« Ich übersetzte es ihnen, aber sie wollten es die ganze Busfahrt über wissen.

Ich begriff schnell, schwanger zu sein, bedeutete sichtbar zu sein. Ich war sehr stolz auf meinen Bauch, der immer größer wurde. Leider fühlten sich, je näher der Termin rückte, alle frei, mir ihre Geschichten und Schauermärchen aus dem Kreißsaal zu erzählen. Ich wollte keine davon hören. Alte Damen wollten meinen Bauch gerne anfassen. Ich wiegelte sie freundlich, aber bestimmt ab.

Mit dem Schwangersein kamen immer wieder auch Ängste: Wie ging es dem Baby? Wie würde das alles werden?

Ich beschloss an meinem Vertrauen festzuhalten und kaufte gegen die Angst ein Bilderbuch für das Kleine: *Zogg der kleine Drache*. Es war lustig und in Reimen geschrieben. Ich stellte mir vor, wie ich es ihm immer wieder vorlesen würde, obwohl es die Geschichte schon hundertmal gehört hatte.

Das gab mir ein warmes wohliges Gefühl. Bis zum sechsten Monat hatte mich niemand als schwanger erkannt, aber es gab auch wirklich größere Bäuche. Ich war ganz froh, dass ich nicht zu viel Gewicht durch den Sommer getragen hatte. Aber im Winter wurde es immer mühseliger und dann war der Termin da – und nichts passierte.

Wir hatten im Vorfeld diverse Kurse besucht. Geburts-vorbereitungskurse, einen Säuglingskurs. Bei beiden stellte ich mich dermaßen an, dass ich schon dachte: Okay, alles noch mal auf Anfang, das wird so nichts. Ich erdrosselte die Baby-puppe halb, als ich ihr den Wickelbody über den Kopf zog.

Und zum ersten Mal machte ich mir über das Stillen Ge-danken. Wie sollte das bloß alles funktionieren? Ich war nicht dafür gemacht einen Säugling großzuziehen. Und die Zweifel wurden wieder lauter. Und außerdem die Wartezeit ...

Eine Woche nach Termin, war er da, der Tag, der alles ver-änderte.

Plötzlich Mama!

So ein kleines Bündel im Arm zu halten, war schon von Be-ginn an der Horror für mich: Nicht, dass ich ihn noch kaputt machte.

Aber mir vorzustellen, dass ich jetzt seine Hauptnah-rungsquelle sein sollte, brachte mich erst recht ins Schwitzen. Ich gebe es zu, ja, meine Hebamme war die Rettung – ein Hoch auf alle Haushebammen an dieser Stelle. So geduldig und nachsichtig wäre sicher keine zweite mit mir gewesen. Was ich alles für Ängste und Sorgen bei ihr abladen konnte. Und wie schnell sie mit mir Sport zur Rückbildung machte.

Ach, ich verdanke ihr so viel. Wie oft ich sie mitten am Tag anrufen konnte, weil ich den Verdacht hegte, er wäre nicht schwer genug. Kurzum Anna war für uns da. Tagsüber und auch am Abend war sie telefonisch erreichbar.

Dem Papa ging es nicht anders. Er wechselte lieber ein drittes Mal das Mützchen unseres Sohnes, wenn dieser zu ver-schwitzt war, damit er sich nicht erkältete. Und er zog ihn lieber nach dem Zwiebelprinzip an, wenn er mit ihm durch die Gegend fuhr. Ganz ordentlich fuhr der Papa mit ihm, dass er auch nicht geschüttelt wurde.

Also man könnte an dieser Stelle anmerken, wir seien schlichtweg verrückt geworden und wir würden nur beseelt zurücklächeln und zugeben: Ja, aber nur vor Liebe.

So war es auch. Wir schränkten uns gehörig ein, bis ich versuchte, ihn, nach einschlägiger Lektüre, an meinen und unseren Rhythmus anzupassen, den er, Gott sei Dank, annahm. Abends schlichen wir uns in unser eigenes Bett, um unseren neuen Mitbewohner nur ja nicht in seiner Nachtruhe zu stören. Wir setzten uns brav neben die Wiege, und holten Laptop und Kopfhörer heraus, um trotzdem noch ein wenig Fernsehen oder Filme sehen zu können.

Stillzeit ist immer

Schon im Krankenhaus zur Entbindung gab es ein Schild an der Tür *Achtung Stillzeit Bitte nicht stören!*

Am dritten Tag kamen die Fensterputzer und sie sollten sich danach richten. Als wir sagten, es wäre gerade Stillzeit und wir fühlten uns gestört, antwortete der eine Mann ganz trocken: »Na, Stillzeit ist doch immer!!! Da können wa keene Rücksicht druff nehmen.« Ich sollte schnell selbst erfahren, dass er damit nicht ganz unrecht hatte.

Es ist mit Sicherheit eines der schönsten Gefühle sein Kind stillen zu können, aber es bedeutet zugleich, dass man auch nach der Schwangerschaft wenig bis gar kein Mitbestimmungsrecht über seinen Körper hat. Von meinem Mann wurde ich irgendwann liebevoll schon mal »meine kleine Milchbar« genannt.

Außerdem erfordert es viel Fingerspitzengefühl, den frisch gebackenen Papa nicht dabei auszuschließen. Ich gebe an dieser Stelle zu, auch mir ist das nicht immer gelungen.

Ich war viel zu sehr damit beschäftigt, die richtige Technik des Anlegens zu verinnerlichen, ständig um das Gewicht unseres Sohnes besorgt und darum bemüht, alles dafür zu tun, dass ich auch ja genug Milch produzierte. Ein schöner Nebeneffekt ist allerdings gewesen, dass man mir meine Schwangerschaft schon nach wenigen Wochen nicht mehr ansah. Alles, was ich mir so angefuttert hatte, war wieder weg.

Nun ist es aber so, dass man das »Stillen« auch wunderbar als Bestechung und Ausrede benutzen kann: »Die Zähne drücken, ich still ihn schnell mal. Er ist quengelig, ach an meiner Brust schläft er schon ein.« Nur, dass das zu einem großen Problem wurde. Er wollte nämlich nicht in seinem Bettchen schlafen und ich wollte nicht mehr, dass er auf mir lag, da ich ihn nicht ablegen konnte.

Kurzum unsere Hebamme musste her. Sie riet uns: »Probieren sie, dass er am kleinen Finger saugt, das erinnert ihn an die Brustwarze.« Und so begann die Fingersaugzeit am Bettchen, bis er einschlief. Unser stichhaltigstes Argument war: So schläft er wenigstens in seinem Bettchen ein. So hielten wir es Nacht für Nacht, bis er größer wurde und die Zähne kamen.

Ein bisschen Schlaf muss sein

Wer Kinder hat, weiß, die Zeit des Schlafens, und zwar die des Ausschlafens, ist vorbei.

Am Anfang, wenn die Kinder noch sehr klein sind, sollte man mit rund fünf Stunden Schlummern auskommen. Nicht zu vergessen, so nachtaktiv sein, dass man die »Fütterungszeiten« nur ja nicht vergisst.

In unserem Fall bedeutete dies: Vor allem ich musste nachts öfter aufstehen, der beste Ehemann von allen, hatte im Zuge seiner vielen verschiedenen Arbeitsrhythmen (Nachtschichten, Spätschichten, Frühschichten) anscheinend gelernt, alles und jedes kleinste Geräusch auszublenden. Der »Glückliche« sah mich morgens immer nur mit großen Augen an und fragte, ob ich auch einen Kaffee bräuchte. Meine Augenringe waren in dieser Anfangszeit nicht zu unterschätzen. Da half auch kein Cremen mehr.

Auch als unser Sohn bereits durchschlief später, wurde ich nachts immer wieder wach und sah bei ihm nach dem Rechten, um nur ja keine Atempause zu verpassen.

So ist das eben. Man liebt so unbegreiflich, dass man unbegreifliche Dinge tut. Innerlich wurde ich dabei von meinem selbst ernannten kleinen »Erziehungsberater« ausgelacht und dazu ermahnt gefälligst wieder ins Bett zu gehen und die Zeit zu nutzen, mich zu regenerieren.

Manchmal tat ich das dann auch und schlief wieder wie ein Stein, bis zum nächsten kleinen Geräusch. Und dachte dabei immer, wie das andere, die vielleicht fünf Kinder haben, das wohl schafften diese Nächte zu überstehen, ohne dabei wahnsinnig zu werden.

Breizeit

Ausgerechnet an dem Tag, an dem wir das erste Mal die Breikost mit selbst gekochten Möhrchen einführten, hatten wir danach einen Kinderarzttermin. Ich konnte doch nicht ahnen, was ein bisschen Möhrenbrei so alles anrichten würde.

Ich saß also mit unserem Sohn am Tisch, gerüstet mit Schürze und mit zwei Löffeln bewaffnet, als ich den ersten Versuch unternahm ihn mit dem Brei zu füttern.

Versuch deshalb, weil die ersten Male nicht gut gelaufen waren. Ich führte den Löffel zum Mund und zack – schlug er mir mit einer wegwerfenden Handbewegung den Löffel aus der Hand. Er hatte ihn greifen und allein essen wollen. In dem Moment, wo sich die erste Breipfütze über mich ergoss, dachte ich wieder an die Horrorgeschichten von Freunden, die mir geraten hatten, alles bei der »Fütterung« abzudecken. Die Wände, den Boden, mich selbst, einfach alles. Um nicht neu renovieren zu müssen. Leider sieht man auch auf einer rotgestrichenen Wand, orange Karottenkleckse.

Ich wischte also schnell das Chaos weg und unternahm Versuch Nummer zwei.

Dieser lief schon etwas besser: Ich drückte ihm einfach den Ersatzlöffel in die Hand. Jetzt öffnete er seinen Mund selbstständig und ich war für jeden Löffel Brei dankbar, der darin ankam.

Da klingelte plötzlich das Telefon. So versunken in meine Aktion erschrak ich dadurch und ließ den Löffel auf ihn fallen. Platsch – nun war nicht nur die Wand betroffen. Das ganze Kind war von oben bis unten mit Breiklecksern voll. Schnell holte ich einen Lappen, um ihn zu reinigen.

Aber wer schon mal versucht hat Möhrenbrei aus den Haaren und von der Haut zu waschen, wird an dieser Stelle nicken und wissen, dass ich es nicht geschafft habe. Er hatte überall einen Rotstich. Die Hände sahen aus, als hätte er in Möhren gebadet, seine Wimpern und Augenbrauen wie schlecht gefärbt.

Und so ging es dann leider auch direkt zum Kinderarzt zur Vorsorge. Ich denke, ich brauche an dieser Stelle nicht zu erwähnen, dass ich mich bei jedem Blick der Schwester auf ihn und bei jedem Schmunzeln, am liebsten unsichtbar gemacht hätte.

Ich hab die Haare schön oder nicht?

Ich gebe es ja zu, meine Haare abzuschneiden war eine absolute Kurzschlussreaktion. Aber niemand sagte mir vorher, dass mit dem Stillen die Haare wie verrückt ausfallen konnten. Überall, wo ich mich aufhielt, ließ ich büschelweise Haare von mir zurück. Am schlimmsten sah man es auf der schwarzen Couch.

Das veranlasste mich, mich von meinen langen Haaren zu trennen. Sehr zum Leidwesen des besten Ehemannes von allen, der sich immer sehr schwer mit meinen Friseurterminen tut. Wenn ich mal mit einem neuen Haarschnitt vor ihm stehe, kann es schon mal passieren, dass ihm auf die Frage: »Und wie findest du es?«, nur ein »gewöhnungsbedürftig« herausrutscht und ich mich dann für einen Tag in meine Schmollecke zurückziehe und beleidigt bin.

Ja, und das alles wusste ich vorher, trotzdem konnte ich den Haarausfall nicht länger ertragen und rannte mit den Worten »Alles runter, was kaputt ist« zur Friseurin.

Anscheinend war sie nicht gut in Laienpsychologie ausgebildet, denn sonst hätte sie mir das schnell wieder ausgeredet. Stattdessen tat sie, was ich verlangt hatte – und das Ergebnis war ein furchtbares Trauerspiel. Da, wo mal meine Haarpracht gewesen war – gut bis zum Po hatte ich sie nie – waren jetzt fast Stoppel wie bei einem nicht kommen wollenden Rasen.

Ich fühlte mich grauenhaft, zwang mich aber dennoch zu einem Lächeln und wurde von dem besten Ehemann mit dem Aufschrei »Oh, mein Gott!« begrüßt.

Es ist sicherlich kein Zufall, dass ich diesen Friseurladen nie wieder aufsuchte, auch wenn er noch so nah lag. Ich tat mein Bestes. Kaufte mir lächerliche Kleinmädchenhaarspangen, damit die Stoppeln wenigstens irgendwie zur Geltung kamen. Kaufte Mützen, die ich dann bei jeder Gelegenheit trug und versuchte die Scham tapfer zu ertragen.

Jungs und ihre Wehwehchen

Ich weiß ja: In Zeiten von Gleichberechtigung und Gender ist es fast unverschämt und intolerant zugleich, ein Kapitel so zu benennen.

Aber nach eindeutiger Recherche und Erfahrungsberichten anderer Mütter habe ich mich getraut, es anzusprechen.

Es war schon so, dass ich bei der Geburt von Jojo fast mitleidig belächelt wurde. »Es ist ein Junge, na dann viel Spaß.« – »Er wird alles haben, was du dir so vorstellen kannst.« – »Jungs sind einfach viel empfindlicher«, sagte die Frau vom Arbeitskollegen meines Mannes, die einen Jungen und ein Mädchen zur Welt gebracht hatte. Ich schenkte ihr anfangs keinen Glauben. Doch nach nur ein paar Tagen sollte sie recht behalten.

Er bekam die Gelbsucht und wir mussten im Krankenhaus. Danach wurde seine Haut immer schuppiger. Neugeborenenakne sagte man. Nur, dass diese auch nach vier Monaten nicht vorbei ging. Dazu kamen die Dreimonatskoliken, eine Halswirbelblockade sowie mit vier Monaten gleich zwei Zähne auf einmal.

Wer Kinder hat, weiß, dass schon der erste Zahn ein Problem für das Immunsystem darstellen kann. Aber zwei auf einmal war der Supergau. Keine Nacht, die wir durchschlafen konnten, Durchfall und Fieber als Begleiterscheinungen, nicht zu vergessen die schlechte Laune und die Beißattacken.

Ich habe sehr viel Respekt vor Zahnschmerzen und mein eigenes Kind so leiden zu sehen, brach mir fast das Herz. Außer einem Zahnungsgel zu schmieren, konnten wir nichts tun. Dieses half allerdings nur bedingt. Und in der Nacht schon gar nicht. Da half nur getragen werden, am besten die ganze Nacht. Ja, plötzlich verstand ich, warum manche Eltern sagten: »Wir zahnen gerade.« Man leidet als Elternteil einfach mit.

Auch Jojos Haut reagierte sofort aufs Zahnen. Einmal bekam er einen so fürchterlichen Ausschlag von der Handcreme, die noch an mir haftete, dass alle dachten, er hätte was aufs Auge bekommen. Gott sei Dank nahm sich ein Hautarzt seiner Problemchen an und stellte fest, dass es am Waschmittel liegen könnte. Von da an stiegen wir auf Bio-Waschnüsse um und die Hautprobleme lösten sich fast gänzlich in Luft auf.

Ja, auch zu viele Reize konnte er nicht gut aushalten und weinte dann. Leider hatten wir die grandiose Idee gehabt mit ihm vor seinem ersten Lebensjahr in den Urlaub zu Freunden nach Holland zu fahren. Im Nachhinein war es nicht verwunderlich, dass ich von fünf Tagen nicht eine Nacht durchschlief. Er verstand den Umgebungswechsel nicht und nahm ihn mir, denke ich, sehr übel. Kurzum, alles, was die Dame vorher gesagt hatte, war eingetroffen und als ich zum ersten Mal in eine Spiel- und Krabbelgruppe kam, konnte ich sehen, was sie gemeint hatte. Während manche Jungen noch faul auf ihrer Decke lagen und überlegten, wie sie sich am besten durch den Raum rollen könnten, waren die meisten Mädchen schon beim Krabbeln. Es machte fast den Anschein, als wollten sie sich schon von Anfang an in die Gesellschaft der Erwachsenen integrieren, indem sie einfach drauflosbrabbelten, als hätten sie etwas wirklich Wichtiges zu erzählen. Die Jungs hingegen übten sich immer noch in Lauten: vor allem »Mammam«, was so viel bedeutete wie: »Wo bleibt mein Essen«, was wiederum bedeutete: »Hol deine Brust raus, Mama, ich habe Hunger!« Ein bisschen erinnerte es mich an die Höhlenmenschen.

Messen und gemessen werden
Überhaupt setzt ein solcher Besuch einer Spielgruppe stahlharte Nerven voraus. Zum einen, weil man das Geschrei des einen oder anderen Quengelbabys ertragen, zum anderen, weil man die Unterschiede in der Entwicklung aushalten muss.

Dort im Getümmel zu sitzen und noch freundlich zu lächeln bei der Frage »Und, krabbelt er schon?« macht einen härter. Am liebsten würde man schreien, er weiß ja gerade erst mal wo seine Füße sind und dabei bloß nicht zu verzweifelt klingen.

Tatsächlich drehte er sich spät, er machte einfach alles später als seine Spielkameraden. Und ich gebe offen zu, auch ich bin nicht davor gefeit gewesen, ihn mit anderen zu vergleichen. Es nicht zu tun, wenn auch nur innerlich, war unmöglich.

Aber es gab auch aberwitzige Begegnungen: Zum Beispiel mit einer Mutter, die mir lang und breit erklärte, ihr Kind ginge mit sechs Monaten bereits auf die Toilette und sie hätte immer ein Töpfchen to go dabei. Dann atmete ich wieder auf und war froh, dass ich Jojo diesem furchtbaren Stress nicht aussetzte.

Eine Mutter schwörte auf die Windelfreimethode, bei der sie erkennen könnte, wann ihr Säugling urinieren oder sich anderes entledigen müsste. Leider hielt ihr Baby nicht so viel von dieser Methode wie sie und entleerte sich ohne jeden Blickkontakt zur Mama direkt auf dem Teppich der Krabbelgruppe. Ich konnte mein fettes Grinsen nicht unterdrücken.

Ja, das waren die schönen Momente in der Spielgruppenzeit. Weniger schön war es, dass die anderen Muttis mir ständig von den Erfolgen ihrer Kinder vorschwärmten, während meiner nicht mal ans auf den Bauch drehen dachte. Aber was interessierten mich die Geschichten anderer?

Ich war froh über jeden Fortschritt, den Jojo von allein machte. Denn da hielt ich an meinen Prinzipien fest. Unser Sohn wurde nicht »trainiert«, wir warteten ab, dass er Dinge von sich allein aus tat. Das setzte einen sehr, sehr langen Atem voraus, aber wir nahmen diese Hürde, auch wenn alle anderen ihn am liebsten, ziehen, rollen, oder drehen wollten.

Ich bekam meinen Frieden in der Gruppe von Mamis, als ich nach eineinhalb Jahren verkünden konnte, er wäre »sauber« und nach zwei Jahren, das auch nachts. Da waren sämtliche Mütter stumm vor Erstaunen und stellten auch keine Entwicklungsfragen mehr.

Was soll das überhaupt? Niemand passt in solch eine Entwicklungskurve hinein.

Ist man bei der U-Untersuchung bei einem Check oder bei einem Casting für das schnellste Baby der Welt. Diese Frage stelle ich mir immer dann, wenn Freunde von uns berichteten, dass alles normal sei und an manchen Stellen herausragend. Andere jammerten, ihr Kind hätte sich nicht genug angestrengt und nur geweint.

Bei uns war es wie folgt: Bei jeder U-Untersuchung, den Vorsorgen, wurde er noch mal schnell mit geimpft. Das bedeutete, egal wie gut er vorher mitgemacht hatte, hinterher war er immer schlecht drauf und der Nachmittag gelaufen. Ich war jedes Mal vorher so aufgeregt, als hätten wir einen Wettbewerb zu gewinnen. Um ehrlich zu sein, putzte ich uns beide immer ein wenig heraus, um einen guten Eindruck zu hinterlassen.

Ein großer Dank geht an dieser Stelle an unsere Kinderärztin, die nicht müde geworden ist, mir immer wieder an der gleichen Stelle freundlich zu sagen: »Psst – ich kann sonst nichts hören«, wenn ich in meiner Nervosität drauflosplapperte und Fragen stellte, wenn sie gerade beim Abhören mit dem Stethoskop war.

Und wieder die Zähne

Mit den Zähnen gab es gleich ein weiteres Geschenk: das unaufhörliche Wimmern und Jammern – vor allem unsererseits. Die Nächte machten wir einfach durch, als gäbe es kein Morgen. Morgens um vier Uhr begrüßten wir uns nur knapp mit den Worten: »Du bist dran.« Mal schlief er auf meinem Arm ein, dann wieder bei Papa auf dem Bauch. Aber auch nie, wirklich niemals in dieser Zeit, schlief er in seinem Bettchen ein. Und nicht zu vergessen die schlechte Laune. Mitten am Tag wurde aus unserem kleinen Engel, ein nervtötender Bengel.

Schlaf Kindchen schlaf

Ja, ich als gelernte Pädagogin sollte jede Theorie über das Schlafenlernen von Kindern kennen und anwenden können. Sollte – Konjunktiv. Aber in erster Linie war ich eine »neue« Mutter, der die Theorie piepegal war.

Wir gingen mit Jojo durch jede Schlaflernphase. Am Anfang war es nicht schwer, er schlief einfach jeden Abend an der Brust ein und ließ sich gut ablegen.

In der zweiten Phase nuckelte er so lange an unserem kleinen Finger, als Brustersatz, bis er in seiner Wiege einschlief. Unnötig zu sagen, dass mir das irgendwann zu viele Schmerzen einbrachte und einen tauben Arm, wenn es mal wieder länger dauerte.

Dann kamen die Zähne und das Getragenwerden in den Schlaf. Und das war wie in einem Sketch.

Wir schunkelten ihn auf dem Arm, zählten, wenn er eingeschlafen war bis hundert und legten ihn dann behutsam in sein Bettchen.

Wir atmeten auf, wenn er weiterschlief, und versuchten auf Zehenspitzen aus dem Zimmer zu schleichen. Bei dem Versuch blieb es meist, denn, wenn nur das Laminat knirschte, war unser Engel wieder wach. Und das ganze Spiel ging von vorn los.

In der letzten Phase wurde ich dessen überdrüssig und übte mit ihm »alleine einschlafen«. Es war ein Kampf und der sensible Papa setzte sich Kopfhörer auf, um nicht das Geschrei ertragen zu müssen und eventuell zu früh einzuschreiten. Die Stillzeit war beendet und nach drei von Papas Spätschichten hatte ich es geschafft. Er schlief ab dem dritten Abend allein ohne Weinen ein.

Ladys, der Kampf lohnt sich, und er hilft ihrem Baby sich weiterzuentwickeln. Also nur Mut und Kopfhörer auf. Immer wieder trösten ist okay, aber nicht herausnehmen dabei. Dann fängt das Spiel meist von vorne an.

Ich fühlte mich danach, als hätte ich eine Schlacht gewonnen und das war ein gutes Gefühl. Auch zu sehen, dass es ihm damit viel besser ging und ich auch mal wieder einen Abend für mich hatte z. B. zum Schreiben.

Ein richtig starker Trupp

Ich kann nur jeder Schwangeren im Nachhinein raten, sich in einem Geburtsvorbereitungskurs anzumelden. Neben dem praktischen Nutzen sich mental und körperlich vorzubereiten auf Geburt und die Zeit danach, könnte es sein, dass sie dort Freunde fürs Leben treffen. Und es ist doch immer gut, Freunde zu haben, die im selben Boot sitzen.

So geschehen bei uns.

Während wir Frauen uns auf Gymnastikbällen und Ähnlichem köstlich amüsierten, mit dickem Bauch und den gleichen diffusen Ängsten, freundeten sich unsere Männer beim Warten vor der Tür an.

Bei den gemeinsamen Hechelübungen kann es unter Umständen sehr lustig werden, wenn man sich gut versteht.
Als der Kurs beendet war, tauschten wir E-Mail-Adressen und Nummern aus, um danach in Kontakt zu bleiben. Und tatsächlich, als die ersten entbunden hatten, gingen ein paar E-Mails hin und her. Wir beglückwünschten uns gegenseitig und gaben den anderen Tipps und Rezepte, wie sie die Geburt schneller einleiten konnten.

Als alle Babys da waren, herrschte erst einmal Funkstille, was angesichts der Tatsache, dass sich von jetzt auf gleich alles im Leben verändert, völlig normal ist.

So vergingen ca. vier Monate und dann trafen wir uns zuerst als zwei neue Familien, deren Säuglinge nur sabbern und liegen konnten.

Wir lachten gemeinsam den Schlafmangel weg und ließen bei Apfelsaft und Kuchen noch einmal die Geburt Revue passieren. Vor allem unsere Männer schienen sich mit ihren Geschichten über die Muttermund-Öffnung und über das Wehenwegatmen gegenseitig übertrumpfen zu wollen. Wir Frauen schwiegen, weil wir und blind verstanden und tauschten Tipps und Ratschläge aus zum Thema Windeln und Co. Unsere Babys glucksten derzeit vor sich hin und ließen sich vom Trubel nicht beeindrucken. Nach diesem Treffen kam uns die Idee, dass es doch nett wäre, die anderen ebenfalls wiederzusehen. So vereinbarten wir als frischgebackene Mütter regelmäßige Treffen mit Babys. Auf einer Krabbeldecke im Hinterhof einer Mama fing alles an. Bald bekamen auch die Männer Lust sich wiederzusehen und sich auch mal auszutauschen. Heute weiß ich, dass es ein echtes Privileg ist, wenn auch Väter sich zu gleichen Themen beraten können und gegenseitig stärken, weil ihre Kinder im selben Alter sind. Aus unseren anfangs schüchternen Krabbeltreffen wurden nach und nach richtige Feste mit Kuchen und Grillbuffet. Natürlich blieb es dabei nicht aus, die Erziehungsmethoden der jeweils anderen genauestens zu beäugen und deren Kinder mit dem eigenen zu vergleichen, aber das immer in einem entspannten Rahmen. Durch die vielen Treffen lernten wir uns und unsere Macken kennen und trotzdem lieben oder gerade deswegen.

Im Tierpark

Als unsere Babys nicht mehr ganz so klein waren, dass sie sich bewegen bzw. etwas von der Welt sehen wollten, verlegten wir unsere Geburtsvorbereitungskurs-Mamas-Treffen (kurz: Gemas-Treffen) in den Berliner Tierpark. Wir spazierten mit den Kinderwagen durch Sonnenschein vorbei an Rindern und Löwen und anderen Tieren, übten dabei mit unseren Kindern ganz nebenbei richtig sprechen:

Lily, sag doch mal »FLA-MIN-GOS«. Jojo, sag mal »NIL-Pferd. Guck auf meine Lippen: NIL-Pferd.« Vielleicht sollte ich dazu sagen, dass unsere Kinder gerad ein Jahr geworden waren und außer den üblichen Worten wie Mama Papa, Auto noch nicht viel von Sprache wussten.

Es kam schon mal vor, dass man vorher mit seinem Kind vor dem Treffen heimlich übte, um dann vorzuführen: »Guck mal, Jojo kann schon Ziege sagen. Wie macht die Ziege?« Keine Reaktion. »Wie macht das Schaf?« Wieder keine Reaktion. Als ich schon enttäuscht aufgeben wollte, machte er »Bäh«.

So ist das. Immer, wenn ich mich mit dem, was unser Kind schon konnte, brüsten wollte, zeigte er keinerlei Interesse daran.

Schon verrückt, zu was man sich alles hinreißen lässt, wenn man Kinder hat. Ich sehe mich noch damals im Bad vor dem Spiegel stehen und meine Lippen deutlich zu bewegen, damit Jojo später bloß keinen Sprachfehler bekommt.

Oder Laute zu formen und in einzelnen Silben zu klatschen: Ap-fel-saft.

Auch wenn Sie jetzt an dieser Stelle zu Recht schmunzeln werden, warten Sie ab, auch Sie werden sich bei der ein oder anderen Hirnrissigkeit erwischen. Ich bin mir sogar sicher, dass es ihnen auch so gehen wird. Als Mutter kann ich nur sagen: »Wir können nicht anders!!!«

Gut, wenn man die Gemas hat, denen es ganz genauso geht, wenn auch vielleicht in anderen Situationen. Und noch besser, wenn man zusammen darüber weinen und lachen kann, wie bescheuert man sich verhalten hat. Und wenn ich wieder ein schlechtes Gewissen bekam, weil Jojo bei unseren Treffen nicht zuckerfrei geblieben war, bekam ich schnell den Rat: »Entspann dich. Dann bekommt er eben morgen weniger.« Das hat mir richtig gutgetan, und dann konnte ich dem »kleinen Erziehungsratgeber«, der mich mal wieder als Rabenmutter beschimpft hatte, locker und lässig die Zunge rausstrecken.

Aber nicht nur diese kleinen Momente teilten wir miteinander. Auch die großen kamen hinzu.

Zu uns zwei verheirateten Paaren gesellten sich nach und nach die anderen dazu und heirateten ebenfalls und immer mit dabei die »Gemas und die »Gepas«.

Für das erste frischgebackene Ehepaar bildeten wir schnell mal einen Chor und sangen »Wir kennen nichts, wir kennen nichts, dass so schön ist wie ihr!« Anscheinend sangen wir sehr inbrünstig, denn die Augen der Eheleute blieben nicht trocken.

Für die zweite Braut gingen wir zusammen auf einen wilden Junggesellinnenabschied, mieteten für sie eine komplette Karaokekabine und ließen es mit Cocktails und Musik so rocken, dass die anderen, die draußen standen, uns immer wieder neidische Blicke zuwarfen und am liebsten mitgemacht hätten.

Danach ging es zum Tanzen und dann nicht mehr ganz so leichtfüßig, aber glücklich heimwärts in die Nacht.

Unser Geschenk an dieses Paar war eine Leinwand, die wir im Rotationsprinzip alle gemeinsam gestalteten – mit Farben und allem, was dazu gehört.

Das nächste Paar stand schon in der Reihe und wir waren gespannt, was uns diesmal einfallen würde.

Unser anfangs recht überschaubares Grüppchen war mit den Jahren gewachsen wie unsere Kinder. Mittlerweile waren wir die Einzigen, die noch kein zweites Kind hatten. Wenn ich mich nicht täusche, kamen wir auf eine Zahl von neunzehn großen und kleinen Menschen insgesamt.

Aber das, was unsere Gruppe wirklich ausmachte, war, dass wir füreinander da waren, auch in Trauer und Leid. Dass wir miteinander lachen und weinen konnten, zusammen nachdenklich waren und auch mal diskutierten in Erziehungsfragen und anderem, uns praktisch zur Seite standen, wenn einer allein war und Hilfe brauchte oder ein kleines Carepaket, weil er schlimm erkältet war. Ja, dann kam eine liebe Fee vorbei und brachte Suppe und Tee und Ingwer und was man gerade sonst so brauchte mit. Uns allen lag sehr viel daran, am Leben der anderen weiter teilzuhaben, uns regelmäßig zu treffen und immer zu wissen, wie es dem anderen ging oder welches Projekt er gerade mal wieder plante: Umzug, Praktikum, Jobwechsel usw.

Und das war es, was es so wertvoll für mich machte.

Und was ist mit der Liebe?

Seine Zweisamkeiten ungestört ausleben zu können als Eltern, ist unter Umständen sehr herausfordernd und Bedarf einer Menge Kreativität im Alltag.

Ich sag ja nicht, dass die Romantik unbedingt auf der Strecke blieb, aber es konnte schon mal passieren, dass man mittendrin alles abbrechen musste, weil dem Nachwuchs z. B. ein Pups quersaß. Um die schöne Stimmung aufrechtzuerhalten empfahl sich hierbei eine Menge Humor. Den brauchte man nämlich, wenn die Beziehung nicht ganz auf der Strecke bleiben sollte und man noch etwas anderes miteinander teilen wollte als den Windelmüll und die Launen, die so ein Kleinkind mit sich brachte.

Ich werde an dieser Stelle nicht zu sehr in Details gehen, nur so viel sei gesagt: WIR brauchen heute noch eine Menge Humor!!!!

Wir sprachen unsere Wohnzimmer-Dates ab, die wir dann schön planten. Meist blieb es aber bei der Planung, da sich bei Jojo eine Erkältung ankündigte.

Glauben Sie mir, es war schwer zu kuscheln und ganz beieinander zu sein, wenn das Kind nebenan im Schlaf hustete und röchelte.

Aber nichts war in meinen Augen der Liebe erträglicher, als zu sehen, wie Vater und Sohn miteinander spielten. Ich ertappte mich des Öfteren dabei, wie ich selig lächelnd einfach nur das Schauspiel zwischen den beiden beobachtete.

Heute spielten beide Lokführer in »ihrem Modelleisenbahnzimmer«, das von mir auch liebevoll das »Bermudadreieck« genannt wurde, weil sie dort zusammen Stunden verbringen konnten und alles um sich herum vergaßen.

Ich habe eine Weile gebraucht, bis ich nicht mehr eifersüchtig danebenstand und unbedingt daran teilhaben wollte. Heute weiß ich, das ist Papas Ding mit ihm und wir teilen andere

Sachen wie z. B. die Liebe zu Musik und Geschichten. Jetzt kann ich es genießen. Wenn es ihnen mit ihrem Partner genauso geht, halten Sie daran fest, was meine liebe Freundin einmal zu mir sagte, nachdem ich ihr mein Leid geklagt hatte über das »Papakind«. »Es gibt ein unsichtbares Band zwischen Mutter und Kind, das niemand trennen kann.«

Und das stimmt. Und sehen sie ihren Partner nicht als Konkurrenz, sondern als das, was er tatsächlich ist, nämlich ihr »Partner«.

Der erste Geburtstag *oder* Alle Jahre wieder

Geburtstagsfeiern wurden immer schwieriger zu organisieren, je älter das Kind wurde.

Aber der erste Geburtstag war doch der beeindruckendste. Ein bisschen feierte man sich auch still und heimlich selbst, weil man es geschafft hatte, das Jahr hinter sich zu bringen, und dachte sich: Es kann nur noch besser werden. Deshalb war es mir auch so ungeheuer wichtig, eine unvergessliche Feier zu organisieren.

Mein Mann bremste mich schon im Voraus, indem er sagte: »Wir feiern keine Hochzeit und müssen daher nicht jeden einladen, der irgendwie mit uns verwandt ist.«
Er hatte natürlich recht, aber als Mama sah ich das ganz anders: Ich wollte diesen Tag mit der Familie und unseren Freunden um jeden Preis teilen, wenn schon nicht mit der ganzen Welt und war beleidigt, dass er es nicht so verbissen sah.

Ich wusste ja schon vorher, dass er nicht so gerne große Feiern ausrichtet – ganz ehrlich gesagt ist er ein ziemlicher Geburtstagsgrinch. Alles was man im Vorfeld organisieren muss, findet er einfach grässlich und seinen eigenen

Geburtstag feiert er schon mal gar nicht gern. Lediglich an meinem Geburtstag lässt er sich dazu hinreißen, mit mir ein Stück Tiefkühltorte zu essen. Das ist aber auch das Höchste der Gefühle. Jedes Jahr, wenn ich meinen Geburtstag in allen Zügen plane vom Buffet bis zum »Programm« steht er nur kopfschüttelnd daneben.

»Dass du dir immer so viel Mühe gibst, und hinterher können die Gäste das alles gar nicht essen, was du dir vorgenommen hast zu kochen und zu backen.« Ich beschwichtige ihn dann jedes Jahr wieder: »Aber das ist eben mein Geburtstag und den will ich mit meinen Mädels feiern und dazu gehört nun mal auch ein anständiges Buffet für mich. Ich stehe gern dafür in der Küche, auch wenn es Stunden sind.«

Meist verzog er sich dann auf die Couch oder saugte Staub, was er am liebsten tat und was er dann als seinen Beitrag an meiner Feier sah.

Aber wie plant und organisiert man nun den ersten Geburtstag? Zeitlich passte es vielen nicht, dass ich an einem Wochentag feiern wollte. Also überlegten wir uns etwas, das nichts zu anstrengend für Jojo werden würde: Wir luden die Familie einfach in zeitlichen Abständen ein frei nach dem Rotationsprinzip. Einer kommt, der Nächste geht. Und machten noch eine große Feier am Wochenende, wo alle die kamen, die es vorher nicht geschafft hatten.

Ich hatte bis dahin noch nie ohne Zucker gebacken und probierte mich an meinem ersten zuckerfreien Möhrchenkuchen (nicht ganz zuckerfrei, Rohrzucker war schon drin). Das Rezept hatte ich mir aus einer Drogeriezeitung herausgesucht. Auf diesem Kuchenstückchen kaute meine Schwiegermutter etwas bedächtig herum, nachdem sie beim Anblick ausgerufen hatte: »Was für ein Hasenfraß. Und das soll schmecken?«

Aber Wunder, o Wunder, das tat es. Und sie nahm sich sogar noch ein zweites.

Dem Geburtstagskind schmeckte es ebenfalls und er mampfte die Stückchen weg wie nichts.

Bis darauf, dass plötzlich all seine Verwandten am Tag nach und nach vorbeikamen, war es für ihn ein Tag wie immer. Das empfand ich schon fast als Frechheit, wo ich doch bis ins kleinste Detail alles so schön geplant hatte. Er aß, schlief, spielte, lachte und schaute sich die neuen Bücher an. Seine Cousine rannte um ihn herum und unterhielt währenddessen die gesamte Gesellschaft und er dachte nicht im Traum daran, uns ein besonderes Geburtstagslächeln zu schenken.

Nein, zwischendurch tat er sogar so, als seien wir alle gar nicht da und extra für ihn gekommen und probierte seine neuen Spielsachen aus. Diese hatte ich vorher gründlich zusammengesucht in einen Wunschkorb im Spielwarengeschäft gesteckt und von der lieben Familie kaufen lassen, damit wir hinterher keine bösen Überraschungen mit Plastikspielsachen, Geräten, die ohrenbetäubende Geräusche erzeugen oder anderen Tinnef erlebten. Ja, ja, der innere Erziehungsberater war nicht ganz unschuldig daran. Leider war Jojo in den vier Wochen, wo ich alles so schön zusammengestellt hatte aus der gewählten Kleidung herausgewachsen und das war ein Problem, für die, die all das gekauft hatten. Sie hatten kein anderes Geschenk mehr.

Ich hatte den Kleinen extra ein Kuscheltier aussuchen lassen, das ihm mein Vater schenken sollte. Leider nahm er sehr lange keine Kuscheltiere mit ins Bett und aus der Überlegung, er hätte etwas Besonderes, was von Opa wäre, wurde erst einmal nichts. Stattdessen musste er unbedingt das Mini-Bob-bycar, das ebenfalls unter seinen Geschenken war, mit ins Bett nehmen und kuscheln.

Und so endete dieser Tag und die gewaltige Erfahrung, die damit einherging, dass unser Kind bereits ein ganzes Jahr auf der Welt war und wir es geschafft hatten, diesen Tag halbwegs krisenfrei zu überstehen. Als alles aufgeräumt und unsere Gäste gegangen waren, schafften wir es sogar noch mit einem Sektglas Cola auf unser Elternsein anzustoßen.

Heute ist jeder neue Geburtstag eine Herausforderung für mich, die Feier nicht noch größer werden zu lassen ...

Nächsten Monat wird es eine große Feier mit zehn Kindern geben und ja das ist wichtig, denn er war bei allen zehn Kindern ebenfalls auf den Geburtstag eingeladen, und ich möchte kein Kind enttäuschen. Insgeheim hoffe ich jedoch stetig, dass aus der großen Anzahl nichts wird, weil dem einen oder anderen ein Termin dazwischenkommt oder ein Schnupfen.

Und ich sage mir jedes Jahr: Dieses Jahr wird alles kleiner, dieses Mal wird es nicht ganz so spektakulär und dieses Mal werde ich nicht von dem Zwang getrieben, niemanden im Regen stehen zu lassen ...

Und weil wir gerade beim Thema feiern sind ...

Es war wirklich fast unmöglich für uns, unsere große Familie komplett an den Weihnachtstagen zu sehen. Aber alle bestanden darauf, dass man sie besuchte. Und wenn man dann noch einen Mann hatte, der an den Feiertagen meist arbeiten musste, und das auch noch im Schichtdienst, wurde es auch nicht einfacher, dem gerecht zu werden.

Unser Heiligabend sah zum Beispiel so aus, dass wir, nachdem unser Kind im Bett war, nett Geschenke austauschen wollten und dabei feststellten: Huch so spät ist es schon, jetzt aber schnell …

»Also das ist für dich?«

»Oh, freu, nicht so langsam, mach jetzt das Nächste auf …«

» Sorry Schatz, aber ich muss jetzt los …«

Zurück blieb ich, traurig mit einem letzten noch verpackten Geschenk in der Hand. Nein, das hatte nichts mit den romantischen Heiligabenden zu tun, wie ich sie mir vorstellte und war auch nicht besonders spaßig.

Aber zu diesem Dilemma, allein den Heiligabend zu verbringen, kam ein weiteres: Versuchen sie sich mal diesen Ehemann, der eine Nachtschicht hinter sich hat, brav bei einem Weihnachtsessen am Tisch meiner Tante um 12.30 Uhr vorzustellen … Es war schlichtweg ein Wunder, dass er nicht müde mit dem Kopf voran in der Soßenschüssel landete, sondern sich wacker hielt und sogar Konversation machte.

Innerlich knutschte ich ihn dafür, dass er mich nicht blamierte. Aber eigentlich hätte ich ihn einfach schlafen lassen und allein mit Jojo zum Essen gehen sollen, schalt ich mich hinterher, als er danach den gesamten Restweihnachtstag zu Hause verschlief.

Ich weiß ja nicht, wie es Ihnen geht, aber ich sage ihnen: »Wenn man erst einmal ein Kind hat, wird es wieder wichtiger die Weihnachtstage in der Familie zu verbringen mit Oma und Opa, Onkel und Tanten usw. …« Es hat schon etwas Heimeliges das Weihnachtsfest so zu feiern und es ist mir klar, dass das einigen nicht vergönnt ist, aber ich rufe sie auf, ihren Kindern zuliebe es noch mal mit der Familie zu versuchen. Das ist auch der Grund, warum ich mich dieser Herausforderung alle Jahre wieder auf die ein oder andere Weise stelle, mal im Run auf sämtliche Familienmitglieder, mal einfach als Festessen für alle bei uns zu Hause.

Auf gehts

In Berlin gehen die meisten Mütter nach einem Jahr wieder arbeiten, deshalb galt ich schon fast als »Alien«, weil ich beschlossen hatte mit dem Kind zwei Jahre zu Hause zu bleiben.

Aber langsam wurde mir es mir langweilig allein zu Hause, wenn der beste Ehemann von allen wieder einmal bei der Arbeit war und so fing ich an regelmäßig Krabbelgruppen zu besuchen. Zum einen, weil ich unbedingt wieder unter Erwachsenen sein wollte, zum anderen, weil ich dachte, so kann ich ihn schon mal auf den ein oder anderen kleinen Infekt vorbereiten, bevor er in die Kita kommt.

Das Problem war aber, dass, egal wo wir hinkamen, Jojo das älteste Kind war und die anderen noch um ihn herumrobbten, während er sich langsam im Stehen übte.

Und immer, wenn ich sagte, wie alt er war, zog ich mir beschämte Blicke zu. »Ja, wenn ich könnte, würde ich sie auch noch zu Hause lassen, aber das Geld reicht ja nicht.«

Bam. Dann war ich betroffen und fühlte mich fast schuldig, dass wir uns diesen »Luxus« leisten konnten. Und doch sage ich ihnen an dieser Stelle, wenn es einem wichtig genug ist, diese Zeit mit dem Kind zu verbringen, findet man bestimmt andere Mittel und Wege und dann reicht vielleicht auch das Geld. Ich sage nicht, dass man nicht verzichten muss, das muss man garantiert.

Und nach der ganzen Hibbelzeit wollte ich natürlich mit unserem Kind so viel Zeit wie möglich verbringen und seine ersten Erfolge dokumentieren können.

Tatsächlich war es so, dass mir eine Erzieherin bei einer Besichtigung einräumte: »Das ist das Beste, was man machen kann: Am Anfang brauchen sie nur Mama und Papa.« Und darüber freute ich mich dann wiederum sehr und machte einfach mein eigenes »Kinderprogramm«: Wir waren jeden Vormittag und Nachmittag auf dem Spielplatz oder spazieren bei Wind und Wetter und Schnee und Eis. Ansonsten vertrieben wir uns wie beschrieben die Zeit in den verschiedenen Krabbelgruppen und knüpften immer mehr Kontakte mit anderen, die zum Spielen vorbeikamen.

Na gut, von miteinander spielen kann keine Rede sein, eher war es ein Hoffen von Mütterseite, dass sich die Kinder nicht gegenseitig ständig das Spielzeug wegnahmen oder sich gegenseitig auf den Kopf schlugen.

Jojo war sehr tapfer und ertrug alles wie ein »kleiner« echter »Mann«. Manchmal war es schwierig, weil ich mich besonders mit den Müttern derer gut verstand, die sich prima aufs Hauen und Beißen verstanden.

Das zweite Jahr plätscherte so vor sich hin, Jojo lernte laufen und begann zu sprechen und fragte irgendwann einmal: »Kinder???«, wenn wir beide einsam und verlassen vormittags auf dem Spielplatz im Innenhof saßen und buddelten. Und dann immer öfter: »Kinder???« Daraufhin erklärte ich ihm, dass seine Freunde in der Kita seien und er wiederholte fragend »Kita?«

Tja, das war dann der Zeitpunkt, an dem ich langsam merkte, dass er gern mit anderen Kindern und nicht mehr nur mit mir zusammen sein wollte, und mir blutete das Herz.

Kinder und wen man noch so alles eingewöhnen muss ...
Und dann war sie plötzlich da: die Kindergartenzeit. Aber bevor es richtig losging, besuchte ich tapfer meinen allerersten Elternabend als Mutter und ließ mir dabei von den Fortgeschrittenen, die mit dem zweiten Kind, allerhand Tipps mit auf den Weg geben. Was zu beachten und was dringend notwendig war.

Immer wieder ertappte ich mich dabei, wenn es ums Loslassen ging, dass ich reinrufen wollte und protestieren Aber so ist das doch bestimmt nicht ... usw.

Es ist dabei nicht ganz leicht, wenn man selbst einen pädagogischen Hintergrund hat immer so objektiv zu bleiben und den Erzieherinnen unter »Kollegen« auf die Finger schauen zu wollen und Feedback zu geben, was sie beim nächsten Elternabend noch anders gestalten könnten. Aber ich rief mich innerlich zur Ruhe und hörte mir alles geduldig an.

Mein erstes Einzelgespräch mit Jojos zukünftiger Erzieherin verlief dann aber doch sehr harmonisch. Sie war begeistert davon, wie weit er war, und dass er schon in seinem Bettchen schlief, das würde die Sache für sie einfacher machen. Ich wies sie in einem mir passenden Moment daraufhin, dass ich nicht kampflos in der Eingewöhnung meines Kindes das Feld verlassen würde, wahrscheinlich müsste sie mich aus dem Raum schieben. Auf jeden Fall bräuchte ich klare Anweisungen und Zeichen von ihr. Sie versprach mir rigoros zu sein und ich hoffte innerlich, dass ich das dann auch aushalten würde.

Einen Tag später war es so weit. Jojo und ich »besuchten« die Sternchen das erste Mal und er fand sofort Kontakt zu seiner neuen Erzieherin. Ich saß am Rand und beobachtete das Ganze, bis lauter andere kleine Kinder mir immer wieder Spielsachen brachten, dann kam er schnell auf meinen Schoß gekrabbelt und verteidigte seine Ehre als Sohn.

Die Erzieherin lockte ihn immer wieder zu sich hin. Vor allem die Eisenbahn fand er spannend und als er bei ihr war, gab sie mir das Zeichen, mich mal ein wenig aus seinem Blickfeld zu entfernen. Ich machte brav, was sie mir anwies, war dabei jedoch total unsicher, ob nicht gleich ein Drama käme. Aber nein, Jojo spielte mit ihr gedankenversunken und schien mich dabei vergessen zu haben.

Das hätte mich freuen sollen, denn es war ein gutes Zeichen in die Richtung, wie die Eingewöhnung weiter verlaufen könnte. Aber ich freute mich nicht. Ich war traurig und eifersüchtig, wie schnell ich als Spielpartner zu ersetzen war, und zählte die Minuten, bis die Stunde endlich zu Ende war und ich Jojo wieder nur für mich hatte.

Die nächsten Stunden und Tage verliefen ähnlich, und seine Erzieherin hielt ihr Wort. Sie gab mir klare Anweisungen, wann und wie lange ich den Raum bzw. die Kita verlassen sollte. Sie tat es auf recht sanfte Weise und ich bin ihr heute sehr dankbar dafür, dass sie es geschafft hat mich Muttertier in die Schranken zu weisen.

Abends weinte ich mich in den Armen meines Mannes aus, weil alles plötzlich so schnell ging und ich überfordert war mit der Situation.

Es war genau so, wie mir gesagt wurde, ich musste ebenfalls in den Kindergarten eingewöhnt werden. Die Übergangsstunden, wenn Jojo in der Kita allein war, hatte ich plötzlich Zeit für mich. Da ich aber jederzeit auf Abruf stand, ging ich nicht sehr weit. Ich suchte mir einen Platz, um die Zeit mit einem leckeren Kakao und meinem Laptop zu überbrücken, und landete bei einem Bäcker in einem Kaufland gegenüber der Kita.

Mit meinem Handy auf dem Tisch, das einfach nie klingeln wollte, saß ich dann jeden Tag dort und wurde schon belächelt und begrüßt, wenn ich wiederkam – insgesamt verbrachte ich dort dreizehn Tage. Ich war fast immer ein wenig enttäuscht, weil sich niemand meldete, dass Jojo mich vermisste. Aber es hatte den angenehmen Nebeneffekt, dass ich endlich wieder intensiv zum Schreiben an meinem Jugendroman kam und es schaffte, meine Tasse Kakao in Ruhe zu genießen.

Ich machte mir im Stillen Gedanken über meine neue Zukunft, die bald damit losgehen würde, dass ich nach zweieinhalb Jahren wieder in den Beruf einsteigen würde: im Nestbereich in einer Kita.

Beim Vorstellungsgespräch und beim Probetag hatte erst einmal alles gepasst: Die Kita war nur einen Katzensprung von uns entfernt und lag auf dem Weg zu Jojos Kindergarten. Sie hatten mir versichert, dass ich erst einmal »ankommen« durfte und so war ich beruhigt gewesen und hatte unterschrieben.

ARBEIT ist das halbe Leben
Ein Monat verrann, und dann begann mein neues Leben.

Mein Morgen fing damit an, dass ich Jojo in die Kita brachte und gleich weiterfuhr zu meiner neuen Arbeit, wo ich von meinem Team und einigen schreienden Einjährigen begrüßt wurde.

Ich fand mich nach und nach zurecht und erlebte einen netten ersten Tag.

Von da an war ich wieder in meiner anderen Rolle, die der Beobachterin und der Begleiterin. Trotzdem beschlich mich jedes Mal die Angst, dass ich gleich einen Anruf von der Kita erhalten würde, Jojo hätte hohes Fieber oder einen schlimmen Virus bekommen und müsste sofort abgeholt werden.

Und das war schwierig für mich. Mich einerseits auf die neue Arbeit zu konzentrieren, in der ich gefühlt wieder bei Null anfing und andererseits im Hinterkopf haben zu müssen, dass ich ja selbst noch ein kleines Kind hatte, das mich brauchte.

Ich wette, Ihnen gehts da nicht anders. Als »Working Mum« – wie man uns mittlerweile liebevoll bezeichnet – muss man sich vielen Herausforderungen stellen: Morgens in der Kita daran zu denken, die Mütze und die anderen Winter- und Wechselsachen dazulassen, was ich mehr als einmal vergessen habe und weswegen mein armes Kind frieren musste.

Vor dem Losgehen das Kind so reinlich erscheinen zu lassen, dass keine Erzieherin Verdacht schöpfen könnte, dass man es mit der Hygiene nicht ganz so genau nimmt, und schon innerlich das Jugendamt wegen des Verdachts der Verwahrlosung benachrichtigt. Alle Kratzer und Schrammen und Beulen vom Vortag mussten möglichst genau erklärt werden, damit sie keine Misshandlung vermutete. Dann das Kind mit Umarmung und Küsschen – möglichst ohne Tränen – zu verabschieden und es rechtzeitig aus der Kita und pünktlich zur

Arbeit zu schaffen. Das bedeutete in meinem Fall, dass ich wirklich früh losgehen musste, denn die Straßenbahn kam nur alle zwanzig Minuten.

Auf dem Schirm haben zu müssen, wann Jojo welches Kitafest, welchen Elternabend oder welche sonstige Veranstaltung hatte und welche Termine ich selbst in der Arbeit beachten musste, gehörte ebenfalls zu meinen neune Aufgaben.

Auf einmal gab es so viel zu organisieren und ich wurde von meinem beschaulichen Alltag mit Aufstehen, Krabbelgruppen- oder Spielplatzbesuchen in eine neue Realität katapultiert.

Auch der Schlafmangel stellte ein Problem dar. Ich musste schließlich ausgeruht und konzentriert zur Arbeit vor den anderen Müttern erscheinen, nicht dass die noch vermuteten, dass ich meinem Job nicht gerecht werden könne.

Aber nach einer ganzen Weile, es waren so ca. sechs Monate, spielte sich alles ein und ich war wieder im Arbeitsleben angekommen – wo mir wirklich einige Kuriositäten begegneten: Eine Eingewöhnung ist ohnehin ein Prozess, aber eine Mutter, die nicht mitarbeitet, stellt ein großes Problem dar. Und davon gab es einige: Ich hatte beispielsweise den Fall, dass eine Mutter ihr Kind, das gerade mitten in der zweiten Phase– wenige Stunden bis zum Mittagessen bei uns zu verbringen – steckte, nicht abholen kam. Wir versuchten sie zu erreichen, ihr Handy war ausgestellt. Eine Stunde später kam sie und entschuldigte sich, sie wäre in einem Fahrradgeschäft aufgehalten worden.

Eine andere Mutter, die ebenfalls nicht zu dem ausgemachten Termin erschien, erzählte uns, sie hätte sich auf dem Weg zur Kita verlaufen.

Ein Kind musste in den Spätdienst gebracht werden, weil die Mutter auf der Couch eingeschlafen war …

Und so ging es munter weiter. Ich ermahnte mich innerlich, dass ich es anders machen würde und nie, wirklich niemals auf der Couch ein Nickerchen machen würde, wenn mein Kind noch in der Kita wäre ...

Ich könnte ihnen eine Menge weiterer kurioser Geschichten erzählen, aber das tue ich nicht, denn eigentlich sehe ich mich nicht anders als diese Mütter. Mir hätte es ebenso ergehen können und dann wäre ich froh gewesen, jemanden zu haben, der mich versteht. Denn es geht uns doch allen so: Als Eltern müssen wir an so viele Dinge gleichzeitig denken, und es ist nur menschlich, dass uns dabei etwas durchrutscht.

Es ist auch ziemlich egal, wie sehr wir uns anstrengen und alles besser machen wollen – ich weiß, die Wahrheit tut weh, – aber wir werden keine perfekten Eltern sein oder jemals werden, nur, weil wir irgendwelche Erziehungsratgeber im Hinterkopf haben.

Spiel mir das Lied vom Abnabeln *oder* Gehst du schon oder klebst du noch???

Mit dem neuen Alltag in unserem Leben als Familie wurde Jojo zu meinem Erstaunen immer selbstständiger. Er sprach mehr, fing an sich alleine auszuziehen und sagte oft: »Alleine machen«.

Ich stand nur noch daneben und ließ ihn gewähren. Es machte mich wirklich traurig, wie wenig er mich noch zu brauchen schien, und ich wurde mir gewiss darüber, dass ich auch nur so eine Klettmama war, die ihr Kind am liebsten festbinden würde. Immer wieder fiel das auf, wenn ich mit anderen zusammen war. Ich wischte an ihm herum, machte den Mund und die Nase sauber, wenn er mitten im Spiel war. Ging auf jedes Klettergerüst mit, damit er da nicht hinunterstürzen konnte, und machte noch viel mehr absurde Dinge. Ich war immer auf der Hut, behielt ihn immer im Blick und freute mich diebisch, wenn er zu schüchtern war, etwas alleine zu machen, und ich gebraucht wurde.

Gott sei Dank gibt es meinen Mann, der die Dinge viel ruhiger und lockerer sieht und mich oft mit offenen Mund dastehen ließ, wenn er mir zeigte, was Jojo schon alles konnte.

Ich tat es ja nicht bewusst, aber ich hinderte ihn daran zu wachsen und mutig in die Welt hinauszugehen. Einfach nur, weil ich ihn beschützen wollte und mich selbst auch.

Aber so etwas funktionierte nie und ich fragte mich so oft: Wäre er weniger sensibel und wagemutiger, wenn ich etwas anders gemacht hätte? Aber es brachte auch nichts sich mit diesen Fragen zu quälen. Irgendwann gelangte ich an den Punkt, an dem ich mir sagte: Ich muss lernen LOSzuLASSEN – aber wie? Das bedeutete nämlich, dass ich ihn seine eigenen Fehler und Erfahrungen machen lassen müsste.

Doch ich schaffte es, immer mehr, jeden Tag, immer wieder einen kleinen Schritt. Es fühlt sich an wie ein Abschied, aber ich möchte sie an dieser Stelle ermutigen, es trotzdem zu wagen: Denn zu sehen, wie das eigene Kind mit seinen Herausforderungen wächst, ist wundervoll und schenkt ihm gleichzeitig mehr Sicherheit im Leben. Und glauben sie mir: Es ist jedes Mal schwierig, in jedem Alter …

Neulich lobte mich meine liebe Cousine dafür, dass ich nicht gleich zu der Wand gerannt bin, als er ganz oben war (das »oben« war nicht mehr auf Absprunghöhe), sondern ein wenig entspannter als sonst mit ihr einen Tee trinken und mich unterhalten konnte.

Mit dem Selbstständig-werden-Lassen kam außerdem hinzu, dass ich andere Leute auf Jojo aufpassen lassen musste, weil ich kurzfristig länger arbeitete. Immer schwieriger wurde es, darauf Einfluss zu nehmen. Meist waren es mein Bruder oder mein Papa, die kurzfristig einsprangen, Jojo mal eben von der Kita abzuholen.

Für einen Kontrollfreak wie mich die absolute »Katastrophe«. Aber ich hielt es tapfer aus, nur mein Handy eingeschaltet zu haben, sodass ich jederzeit erreichbar wäre. Mein Bruder belächelte meine Sorge nur und wenn ich nach Hause kam, sah zwar die Wohnung wie ein Schlachtfeld aus, aber dem Kind ging es gut und es begrüßte mich fröhlich.

Später ging er allein mit zu seinen Freunden aus der Kita und das war der Zeitpunkt, wo ich endgültig einen Blick in meine Zukunft bekam, egal was ich unternahm, er würde immer größer werden. Und das schneller, als mir lieb war.

Meinem lieben Ehemann ging es anscheinend nicht anders. Wenn wir mal wieder einen Abend ausgehen wollten, dann ging er maximal mit mir zum Billardspielen um die Ecke, falls wir schnell wieder nach Hause mussten, weil Jojo ausgerechnet in der Nacht, wo der Opa auf ihn aufpasste, plötzlich Fieber bekäme. Heute ist er etwas entspannter damit.

Ja, Eltern sind doch ein sehr seltsames Völkchen.

Der ganz alltägliche Wahnsinn *oder* Was ist jetzt für eine Phase dran??
»Mama, lass mich mal vorschlagen, also ich bin jetzt lieb und dann darf ich eine Süßigkeit, stimmts. Ich war ja auch so schon den ganzen Tag lieb.«

»Aha? Ich hab dich doch noch gar nicht gesehen?«

»Trotzdem Mama, darf ich?«

»Lass uns in einer Stunde noch mal drüber reden.«

»Hmmpf, nie darf ich was. Ich suche mir liebe Eltern.«

Wutentbrannt stampfte Jojo in sein Zimmer, nur um sich kurz darauf auf den Boden zu schmeißen: »Ihr seid so gemein!

Ich war doch extra lieb und jetzt habe ich gar keine Lust mehr noch was zu sagen.«

Jeder Versuch, jetzt normal mit ihm zu reden, würde scheitern. Also, nach etlichen vorherigen Malen, die wir mit Fluchen und Schreien und Fernsehverbot verbracht hatten, probierte ich jetzt aus, was ich kürzlich gelesen hatte: Ich ließ ihm die Wahl. Wenn er später gern noch etwas Süßes wollte, dann sollte er sich jetzt erst mal beruhigen. Seltsamerweise war ich dadurch ebenfalls ganz ruhig geworden.

Es war jetzt die dritte Woche in Folge, dass sich zum Abendbrot solche Szenen abspielten. Noch mal schnell was Süßes vor dem Abendbrot essen wollen und wenn man Nein sagte, gab es einen fürchterlichen Aufstand.

Er überlegte kurz, und ich fing schon an zu glauben, dass es funktionierte, da kam der nächste Ausbruch. »Ich habe jetzt keine Lust mehr«. Und dann knallte er mit der Zimmertür. Und der Vater und ich saßen einmal mehr konsterniert am Abendbrottisch und verstanden nicht wirklich, was das Problem war.

Jojo war auch früher ein Meister darin, sich lautstark durchsetzen zu wollen.

Ich kann mich an einige Male erinnern, wo ich ihn schnappen und ein wütendes heulendes Bündel nach Hause schleppen musste.

Vor allem die »Omis« in unserer Nachbarschaft schauten dann immer ganz irritiert. »Was hat denn der arme Junge???« »Nichts, er will nur nicht nach Hause.«

»Ach so?« Meist warfen sie mir dann noch ungläubige Blicke hinterher.

Er schmiss sich in den unmöglichsten Situationen auf den Boden und wütete: im Supermarkt, an der Straße, vor den Spielplatz. Das brachte ihm eines Tages den Spitznamen »Rumpelstilzchen« ein.

Mit drei Jahren schrie er nicht mehr, er diskutierte: Und haben sie schon mal versucht mit einem Dreijährigen zu diskutieren? Genauso gut könnten sie den Versuch starten, ohne Rakete zum Mond fliegen zu wollen. Es ist schlichtweg unmöglich. Wenn sie ein Argument dagegen haben, kann er ihnen garantiert zwei dafür anbringen.

Ich gebe es nicht gern zu, aber damals erwischte ich mich, wie ich mir, nach einer weiteren Folge Schimpfen und Zetern von ihm, einfach zwei Finger in die Ohren steckte und das Lied der Schlümpfe anstimmte: »Lalalalalala …«
Sichtlich irritiert wich er kurz von seinem Vorhaben zurück, aber nur um dann weiter zu meckern. Als er merkte, dass ich nicht darauf einging, gab er schließlich nach und fragte: »Wollen wir wieder Freunde sein, Mama?«

Manchmal reicht es schon, den inneren Lärmschutz einzusetzen, und dann ist der Morgenfrust wieder vergessen. Oder vor sich hin zu singen …

Mit dem alltäglichen Morgenstress kam noch hinzu, dass wir die Straßenbahn pünktlich bekommen mussten, denn sonst bedeutete es, eine Strecke von eineinhalb Kilometern zurückzulegen zur Kita. Für mich kein Problem, aber für Jojos kleine Füße?

So war ich sehr froh, als Jojo das Laufrad für sich entdeckte. Ab sofort ging es morgens aufs Laufrad und ab damit zur Kita.

An und für sich wäre das sehr einfach gewesen. Aber haben sie schon mal Mütter morgens hinter ihren Kindern hinterher rennen sehen, weil die plötzlich viel schneller mit dem Laufrad waren als sie zu Fuß?

Nun, ich war so eine. Den Rucksack hinten aufgeschnallt rannte ich jeden Morgen hinter meinem Kind her. Und nein, das war mir nicht peinlich. Zugegeben, der Morgen, an dem ich beim Hinterherlaufen meinen Schuh verlor, schon, aber ich hegte die Hoffnung, dass sich meine Umwelt bereits an den skurrilen Anblick gewöhnt hatte, den ich zweifelsohne bot.

In der Kita angekommen überlegte ich jedes Mal ernsthaft Wechselwäsche für den Weg mitzunehmen, dieses Mal jedoch für mich, vergaß es dann aber meist sowieso wieder.

Fragen Sie sich an dieser Stelle, warum ich kein Fahrrad benutze, sage ich nur eins dazu: Ich hasse Fahrräder und sie hassen mich. Mehr ist nicht zu diesem Thema zu berichten.

Backen ist Liebe??

Mitten in der Schwangerschaft überkam mich die Erkenntnis, dass ich überhaupt nicht backen konnte.

Nicht einmal Fertigteigmischungen. Und das ist nicht übertrieben, ich habe es zweimal an einem Tag hintereinander geschafft, dass mir die Muffins eingefallen sind und eher aussahen wie kleine Matschkuchen, aber so steinhart wie Kekse waren.

Leider wusste ich nichts davon, dass die Hormone durchaus über in den Teig gehen können und so mancher Kuchen dann nicht gelingt.

Ich wagte mich an Hefekuchen, der mich klebrig in seiner Schüssel verspottete und im Ofen nicht daran dachte als Blechkuchen zu enden.

Ich war deprimiert und fürchtete, dass ich meinem Sohn an seinen Geburtstag niemals etwas Selbstgebackenes mitgeben könnte, wie die anderen Mütter und gab das Backen lernen wieder auf.

Als Jojo dann aber in die Kita kam, lag sein Geburtstag sehr nahe und ich wollte es noch einmal mit dem Backen versuchen.

Eine liebe Kollegin riet mir zu Fantakuchen. Er sei sehr lecker und sehr einfach zu machen.

Todesmutig saß ich daraufhin zu Hause, lud mir das Rezept herunter und dann rührte ich Eier und Fanta und Öl und noch ein paar andere Zutaten zusammen und hatte nach nicht mal einer halben Stunde einen leckeren Blechkuchen.

Das war der Auftakt und nachdem ich beim Abholen in lauter glückliche Kinder- und Erzieheraugen sehen konnte, wusste ich, ich wollte dranbleiben.

Also tat ich, was jede Frau in meinem Alter getan hätte, ich rief meine Mutter an.

Sie hörte die Verzweiflung in meiner Stimme, wie ich für Jojos Geburtstag schnell ein paar Blechkuchen ohne Fanta darin backen könnte, und so schlug sie mir den sogenannten Becherkuchen vor. Auch dieser gelang mir, es war einfach abzuwiegen, weil man immer nur einen oder zwei Sahnebecher von allem benötigte.

Und so wagte ich mich nach und nach immer mehr aus meiner Komfortzone und fing an jedes Wochenende zu backen. Der Effekt, den das ganze hatte, war nicht nur immer leckeres Gebäck im Haus zu haben, mit dem man die halbe Nachbarschaft versorgen konnte, sondern es beruhigte mich auch.

Als mein Junge dann zwei Jahre wurde, nahm ich ihn, so oft ich konnte, mit in die Küche und wir buken und kochten zusammen. Heute hat er sogar eine eigene Kochschürze und kann in der Küche schon einiges allein bewerkstelligen.

Und wir probieren ständig neue Sachen aus. Sogenannte Cakepops zum Beispiel: Kleine Kuchen am Stiel, die mit Schokolade glasiert werden und im Kühlschrank hart werden.

Übrigens als er drei wurde, hatte ich einen ganzen Teller voll von diesen Kuchen-Lollis vorbereitet, die bunte Glasur in Rot und Blau dafür sogar im Internet bestellt und im Kühlschrank aufbewahrt.

Mein lieber Ehemann, der beste von allen, allerdings hatte sie schon schön in einem Kuchenbehälter drapiert. Das wäre ja auch gut gewesen, wenn unser Sohn nicht im Herbst geboren wäre und wir keine Fußbodenheizung gehabt hätten.

Ich sah das Elend schon von Weitem. Sämtliche Glasur hatte zu schmelzen begonnen und man konnte wenig erkennen. Schnell versuchte ich noch einen Teil zu retten, indem ich ihn noch einmal kühlte und dann brachte ich alles selbst in die Kita, damit nicht noch ein Kuchenunglück passieren würde.

Dort angekommen sahen sie die »Lollis« wieder ganz passabel aus und am Nachmittag kamen einige Erzieher und bedankten sich für die leckere Geburtstagsspende.

Nun war auch ich endlich backtechnisch in der Elterngesellschaft angekommen und war insgeheim froh darüber, dass ich einen Sohn hatte und keine Tochter, die sicherlich auf verzierte rosa Cupcakes mit Einhörnern drauf bestanden hätte oder Prinzessinnentörtchen.

Verkleiden oder nicht ...

»Fasching ist doof«, sagte mein Mann, als ich ihm wieder einmal sagte, dass Jojo ein Kostüm für die Kita-Faschingsfeier benötigen würde. Dieses Mal wollte er ein Ritter sein. Ich gebe zu, als er kleiner war, war es nicht so schwer, ihn zu verkleiden. Er wollte meist als Bauarbeiter gehen und dafür hatte er das nötige Rüstzeug bereits in seinem Spielzeugarsenal. Also zog man ihm seinen Arbeitsgürtel um, gab ihm Hammer und Zange mit, setzte ihm seinen Helm auf und normale Kleidung und er war fertig.

Ich habe leider überhaupt kein Talent zum Schminken, deshalb nahm ich immer wieder dankend das Bauarbeiterkostüm. Aber jetzt ein Ritter ... Ich übertreibe an dieser Stelle nicht, wenn ich ihnen erzähle, ich wäre in drei verschiedenen Geschäften gewesen, um ein halbwegs günstiges Ritterkostüm zusammen zu stellen. Leider ist die Hose heute noch etwas zu groß geraten.

Was Jojo mir vorher nicht erzählt hatte, war, dass es bereits vier weitere Ritter in seinem Kindergarten gab. Natürlich in den edelsten selbstgeschneiderten Kostümen. Dagegen sah mein Kind, mit seinem noch schnell mit Kajal gezeichneten Bartwuchs, etwas blass aus. Nur sein Helm war eindrucksvoller als der der anderen Jungs. Immerhin, dachte ich aufatmend.

Dem anderen Verkleidungsfest, Halloween, gehe ich schon seit Jahren aus dem Weg. Leider hat es sich hier bei uns in der Nachbarschaft seit Jojos Geburtsjahr eingebürgert, dass die

Kinder vor der Tür stehen und klingeln und Süßigkeiten erwarten. Jojo, noch klein, war gerade eingeschlafen, da klingelte es an unserer Haustür. Wir hatten extra vorher einen großen Zettel an die Tür geklebt: Bitte in die Schüssel greifen und nicht klingeln. Entweder konnten die Kinder nicht lesen oder aber ihre Eltern nicht. Wutentbrannt ging ich zur Tür: »Ja bitte?«

»Süßes oder sonst gibts Saures«, schrien mich zugleich eine kleine Hexe und Frankensteins Monster an.

Und ich musste mich sehr beherrschen nicht zurückzubrüllen: »Könnt ihr nicht lesen?« Stattdessen antwortete ich mit einer Engelsgeduld in der Stimme: »Ja nehmt euch einfach aus der Süßigkeitenschüssel, was ihr haben wollt, und dann geht, unser kleiner Sohn ist gerade eingeschlafen und ihr habt ihn wieder geweckt.«

Zumindest hatten sie beide den Anstand sich zu entschuldigen und aus dem Augenwinkel sah ich eine Mutter auf der Treppe stehen, die sich ihre Kinder zu sich rief und kleinlaut im Hausflur verschwand.

Ich konnte es nicht verstehen, warum Eltern es unterstützten mit ihren Kindern ein Fest zu feiern, bei dem es um den Opferkult von Kindern für die Totengötter ging. Jeder konnte es nachlesen, welch grausamen Ursprung dieses Fest hatte, und trotzdem gingen sie mit ihren Kindern von Tür zu Tür und sammelten Süßigkeiten.

Ich hatte gerade die Tür geschlossen, da klingelte es wieder. Mein Mann hatte sich bereits am Bettchen von Jojo eingefunden, weil der meckerte.

Wieder einer, der nicht lesen konnte, dachte ich. »Ja«, schnaubte ich, als ich die Tür öffnete.

»Wir sind von der Rütli-Schule: Süßes, sonst gibts was auf die Fresse.«

Vor mir standen zwei Halbstarke, die lachten. Ich musste ebenfalls über den Witz lachen und so gab ich ihnen eine Handvoll aus der Schüssel.

Als es zum dritten Mal klingelte, malte ich draußen provokativ den Zettel rot an und sagte nichts mehr.

Beim vierten Mal machten wir das Licht aus und riefen: »WIR SIND NICHT DA, könnt ihr nicht lesen.« Ich ermahnte mich, nicht später mit meinem Kind fremde Leute zu belästigen.

Leider gab es so etwas wie Gruppenzwang … So geschehen letzte Woche:

Wir nahmen Abstand von jeder Halloweenfeier, zu der wir geladen wurden, aber ein Lagerfeuer mit Kürbissuppe und Stockbrot vom Kiez organisiert, wollten wir uns auch im Nieselwetter nicht entgehen lassen. Unsere Freunde aus der Kita waren mit von der Partie. So genossen wir also Marshmallows am Stock im Lagerfeuer gebacken.

Leider wurde nach einer Weile der Regen etwas stärker und wir machten uns auf den Nachhauseweg. Ich hatte nicht damit gerechnet, dass wir noch von Tür zu Tür gehen würden. Aber Jojos Freundin nahm uns in ihre Siedlung mit und da kamen uns auch schon lauter kleine Hexen und Zauberer entgegen, die eifrig an den Türen klingelten.

Jojos Freundin lief los und er hinterher: Er war weder verkleidet, noch wollte ich diesen Kult in irgendeiner Weise unterstützen, aber meinem Kind das Herz zu brechen, weil er das machen wollte, was alle anderen machten, kam auch nicht infrage.

Es war ein Selbstläufer: Jojo rannte von Tür zu Tür mit den anderen Kindern. Der ein oder andere fragte ihn, was er denn eigentlich darstellte. Da er nicht gleich Antwort gab, gaben sie ihm schließlich auch etwas Süßes in die Hand. Das war nur ein Problem: Alle anderen Kinder hatten sich gut vorbereitet und sammelten ihre Süßigkeiten in Beuteln. Mein Kind aber, hatte die Hände frei und stopfte sich sofort alles in den Mund, was man ihm gegeben hatte.

Als ich es bemerkte, ging ich dazwischen und erklärte ihm, er könne alles in meinen Jackentaschen verschwinden lassen. Ich konnte mir schon sein enttäuschtes Gesicht vorstellen, wenn die anderen ihre Beutel ausleerten und ihm nichts mehr blieb außer Papierresten. Die Ausbeute von sechs Häusern, fiel dann doch recht überschaubar aus.

Und ich fragte mich, wie ich bloß nächstes Jahr Halloween ausfallen lassen sollte. Aber bis dahin blieb mir ja zum Glück noch ein ganzes Jahr Zeit zu überlegen.

Versteck dich doch mal

»Mama, such mich mal …« Jojo hatte sich wieder einmal versteckt und ich begab mich auf die Suche. Wobei das nicht wirklich schwer war, denn auch, wenn unsere Wohnung etliche Verstecke bot, gab eigentlich nur zwei Orte, wo ich suchen musste.

Ich schaute in der Küche nach bei unseren Pfandflaschen, dort in der Nische unter der Arbeitsplatte war sein Lieblingsversteck und stellte erfreut fest, dass er sich diesmal einen neuen Ort ausgesucht hatte. Unter dem Wohnzimmertisch war er auch nicht.

Aus seinem Kinderzimmer hörte ich es kichern. Ich ging hinein und musste ebenfalls kichern. Jojo hatte sich in sein kleines Fach im Spielregal gequetscht. Es sah so aus, als hätte ihn jemand so lange gefaltet, bis er hineingepasst hat.

Zum Brüllen.

Jojo hat schon immer gern Verstecken gespielt, aber das Prinzip »Ich warte, bis du mich findest« erst spät verstanden.

Ich kann mich an einige Situationen erinnern, in denen er rief: »Du musst mich suchen, hinter der Gardine, guck doch mal in den Schrank …«

Manchmal hielt er die Spannung kaum aus, bis ich ihn fand, und er stürmte mir gleich entgegen.

Draußen war er gewitzter. Er änderte in einem fort sein Versteck. Sodass ich ihn in einer Spielphase immer wieder neu suchen musste. Ganz der Papa, der ihm das mal vorgemacht hatte.

Neulich haben wir eine Vereinbarung getroffen – gut von mir durchdacht. Wenn ich ihn aus seinem Versteck holen konnte, musste er ohne Murren vor dem Schlafen mit ins Bad kommen. Ich ließ ihm einen Vorsprung, und war fast ein wenig enttäuscht darüber, dass ich ihn doch wieder in seinem Versteck unter der Arbeitsplatte fand. Und er war überrascht, dass ich so schnell war beim Finden. Aber er kam ohne Murren mit ins Bad.

Mit der Zeit wurde ein Ritual daraus. Ich suchte ihn vor dem Schlafengehen und er kam ohne zu Schimpfen mit ins Bad. Bis dahin hatte ich noch leichtes Spiel. Mal sehen, wie lange das noch anhalten würde.

Machs mit, machs nach, machs besser …
Wenn man erst mal Mama ist, fällt es immer schwerer etwas für die eigene Gesundheit zu tun oder für die Figur. Und ich meine nicht die obligatorische Rückbildungsgymnastik.

Einen Fitnesskurs zu buchen fiel bei mir aus, da mein Mann ja in drei Schichten arbeitete. Ich hätte an den Kursen nie regelmäßig teilnehmen können.

Also fragte ich so herum, wie die anderen Mütter Sport trieben oder sich fit hielten. Eine von ihnen erzählte mir, sie würde sich im Internet Fitnessvideos ansehen und dann am Abend, wenn ihr Kind im Bett war, ihr eigenes kleines Programm starten.

Ich fand das faszinierend, aber irgendwie setzte ich das selbst nicht um. Doch je mehr ich nachfragte, umso klarer wurde mir, dass das die günstigste und auch die beste Möglichkeit für mich wäre ein bisschen Sport zu treiben.

Kurzum bestellte ich mir zu meinem Geburtstag dann endlich eine Tanz-Fitness-DVD. Im 3er-Pack enthalten noch ein Streetdance-Kurs step-by-step, nachdem ich mit einer Probe- DVD vorher schon ein wenig geübt hatte.

Jetzt konnte es losgehen und tatsächlich, ich schaffte es täglich ein kleines Training von fünfzehn Minuten zu absolvieren. Es machte Spaß und ich fühlte mich fitter. Dies erzählte ich einer befreundeten Mutter und sie hatte sofort Lust bekommen, sich zu einem gemeinsamen Sportprogramm einen Abend mit mir zu treffen.

Da standen wir nun in meinem umgebauten Wohnzimmer. Wir tanzten und schwitzten und waren glücklich. Nach fünfundvierzig Minuten Latin-Fitness kam ihr Vorschlag, noch etwas für den Rücken zu tun. Sie empfahl mir »Manuel« aus dem YouTube-Kanal, er wäre ein sehr guter Trainer.

Wir holten unsere Handtücher und dann ging es los. Als ich ihn sah, ahnte ich noch nicht, dass sich hinter dem unscheinbaren Gesicht, ein knallharter Drill-Instructor verbarg.

Also belächelte ich das ganze Programm am Anfang noch, bis er auf einmal sagte, dass das Aufwärmen nun beendet sei und es jetzt losginge. Und plötzlich forderte uns seine Stimme auf, die Ellenbogen nach hinten zu ziehen und mit dem Oberkörper zu wippen. Dabei klang seine Stimme gespenstisch hoch. Wie »Wir wiiippen«, und dann »die Arme vor dem Oberkörper kreuzen«, zu »wiiipen« und zu zählen »8, 7, 6, 5, 4, 3, 2, 1«. Leider fing er wieder von vorne an »8, 7«, usw. Es nahm kein Ende. Ich schaute zu meiner Freundin rüber, die scheinbar keine Miene verzog. Puuh, sie war also härter als ich. Während ich stöhnte und jammerte, blieb sie ziemlich gelassen und plauderte noch nebenbei.

Sie hatte ja auch schon Erfahrung gemacht mit dem »Trainer«. Innerlich beschloss ich daraufhin, dass ich es beim nächsten Mal besser machen würde. Vollkommen erschöpft, aber glücklich blickte ich auf ein Work-out von über einer Stunde zurück. Wenn das mal nichts war.

Wir tranken Wasser, verabschiedeten uns und versprachen, uns das nächste Mal bei ihr zu treffen und in ihrem Garten zu üben. So war es auch, eine Nachbarin hatte uns dabei gesehen, und war das folgende Mal auch mit von der Partie. Es wurde eine regelmäßige Angelegenheit und wir waren beide unheimlich stolz darauf, dass wir den Abendsport so ernst nahmen.

Als wir zwei Tanz-DVDs durch hatten, näherten wir uns der Streetdance-Choreografie.

Sie, als frühere Tänzerin, hatte auch dabei sofort den Durchblick, und wir kämpften uns durch Tanzschritte wie Kick Ball Change und bouncten und slideten durch mein und ihr Wohnzimmer, während die sogenannten Trainer im Fernseher sich ständig verzählten bei den einzelnen »Achtern«.

Ich kam mir wieder so jung vor, als wir zu der Hip-Hop-Musik tanzten, und mein Eifer war geweckt, es wieder und wieder zu üben. Ich fand uns erstaunlich gut, auch wenn ich immer wieder an einzelnen Schritten scheiterte. Gut, wir waren vielleicht noch nicht reif für ein Vortanzen auf dem nächsten Kita-Sommerfest, aber wir machten immer größere Fortschritte.

Auch mit Manuels Fitnessprogramm kam ich langsam voran und er gehörte als Abschluss immer auch am Abend dazu. Wobei sein Bauch-Beine-Po-Training für mich zu den härtesten gehört, vor allem das im Liegen.

Auf seine Frage: »Spürt ihr euren Bauch schon?«, hätte ich ihm am liebsten zugebrüllt: Ja!!! Und ich spürte auch noch alle anderen Stellen, von denen ich nicht mal wusste, dass sie überhaupt Muskeln haben.

Einmal stellte ich mir vor, wie er auch seine Frau im Bett anbrüllen würde: »Spürst du deine Oberschenkel schon … und jetzt wiiippen wir Schatz«, und da musste ich das erste Mal bei dieser Tortur grinsen. Ich teilte meiner Freundin meine Gedanken mit und wir alberten fast das ganze Programm darüber herum, wenn er wieder irgendetwas forderte. Ich werde sie gleich mal anrufen, wann wir denn das nächste Mal zusammen tanzen …

Kinder, wie die Zeit vergeht …
Neulich sagte Jojo: »Warum willst du denn mit Papa Zeit haben? Ihr hattet doch schon genug Zeit zusammen, bevor ich da war.«

Ich wusste nicht, was ich darauf antworten sollte, angesichts soviel entwaffnender Logik. Und er hatte auch recht. Wir hatten vor seiner Geburt viel Zeit zu zweit miteinander verbracht, waren gereist und hatten es uns gut gehen lassen. Jetzt wollten wir gemeinsam zu einer Veranstaltung gehen und dafür hatten wir das erste Mal meine Schwägerin gewonnen, um auf Jojo aufzupassen. Das gefiel ihm ganz und gar nicht. Nicht die Zeit mit seiner Tante zu verbringen, sondern dass wir ohne ihn Spaß haben wollten. Ich ließ das Thema eine Woche ruhen, dann sprach ich es noch einmal am gleichen Tag an, als wir uns fertigmachten zum Gehen. Da sagte er: »Wieso braucht ihr denn die Zeit zusammen? Ihr habt doch noch genug Zeit, wenn ich von zu Hause weg bin.« Auch darauf wusste ich nichts zu erwidern, weil dies wiederum stimmte. Ich beließ es dabei, dass wir nun mal teure Karten gekauft hätten und ihn diesen Abend leider nicht mitnehmen konnten.

Er jammerte und quengelte ein wenig, doch als er merkte, dass es nicht half, hörte er auf. Er begrüßte seine Tante sogar mit einem wissenden Lächeln – nämlich deswegen, da er vermutete, mit ihr bestimmt einen Kinderfilm sehen zu dürfen, sobald wir gegangen waren.

Jojos Worte aber hatten mich nachdenklich gemacht. Wir waren nun nicht ein solches Paar, das ständig miteinander ausging. Wir schafften es ab und zu mal ins Kino zu gehen, wobei wir festgestellt hatten, dass es viel aufregender war, zusammen einen Cocktail trinken zu gehen und sich wie bei einem Date zu unterhalten. Manchmal genossen wir es dann aber auch, einfach nur dazusitzen und der Musik um uns zu lauschen.

Unser Leben und die Liebe wurden von dem Tag an auf den Kopf gestellt, als Jojo geboren wurde.

Wir hatten viel mehr Konfliktpotenzial, was nicht ausblieb bei einer Pädagogin und einem Mann, der einen anderen Beruf hatte. Ich dankte Gott aber dafür, dass mein Liebster kein Pädagoge war und ich schon so viel von ihm habe lernen können. Seine Erfahrung war einfach Gold wert, immerhin war er mit vier Geschwistern aufgewachsen, allesamt jünger als er, drei davon hatte er sogar mit aufgezogen …, worauf er auch bei jeder sich bietenden Gelegenheit hinwies.

Kurzum waren unsere gemeinsamen Ausgehabende eher spärlich gesät. »Deshalb …«, erklärte ich Jojo in einem anderen Moment, »… deshalb ist es so wichtig, dass Papa und Mama auch Zeit füreinander haben, damit wir nicht so viel streiten.«

»Na ja«, sagte Jojo daraufhin. »Aber du, Mama, ich will gar nicht heiraten und ausziehen, ich will bei euch für immer bleiben.« Mein Mutterherz, schrie wie das einer italienischen Mama: »Ja, bitte, bleib für immer.« Mein Verstand aber sagte schnell zu ihm: »Ach, du wirst mal eine tolle Frau heiraten und hier nicht mehr wohnen wollen, eines Tages.«

Natürlich hoffte ich insgeheim, dass er damit noch so ca. zwanzig Jahre warten würde. Vorher würde ich die Dame dann natürlich erst vollständig unter die Lupe nehmen, versteht sich.

Die letzten Jahre sind wohl einfach vorbeigerauscht und mit Kindern ist die Zeitrechnung viel schneller. Man hangelt sich einfach von Geburtstag zu Geburtstag, von Phase zu Phase und plötzlich steht da ein mittlerweile Fünfjähriger vor einem und konfrontiert einen damit, dass man selbst älter geworden ist, aber nicht gerade weiser.

Die wunderbare Welt der Ausreden

Neulich kam Jojo zu mir und erzählte mir, dass das Puppentheaterstück, zu dem ihm eine Erzieherin spontan mitgenommen hatte, ausfallen musste, weil der Pirat ins Wasser gefallen wäre und sich einen Schnupfen geholt hätte.

Ich war mächtig beeindruckt angesichts dieser kreativen Ausrede. Nach näherem Nachfragen erklärte mir die Erzieherin, sie habe eine E-Mail zu spät gelesen, in der sich die Absage des Theaters befand.

Man muss sich dazu folgende Situation vorstellen: Eine gesamte Kindergruppe von mindestens zwölf macht sich vergnügt auf den Weg zum Puppentheater, und dann kommen sie an und es steht an der Tür: »Muss leider ausfallen«.

Nun gibt es mehrere Varianten dies den Kindern zu erklären:

1. Man sagt den Kindern die Wahrheit und sie werden sie nicht akzeptieren können, zu groß ist die Trauer und die Wut darüber, dass der schöne Ausflug ausfallen muss.

2. Man ist eine gute Geschichtenerzählerin und behauptet einfach, die Puppe wäre krank geworden. Damit spricht man das magische Denken der Kinder an, denn das können sie sich tatsächlich gut vorstellen und auch akzeptieren. Und somit auch Jojo, der völlig zufrieden mit dieser Aussage war.

Ich stellte mir vor, wie es wäre, wenn die Ausreden z. B. bei der S-Bahn ebenfalls mal mehr Pep hätten, als immer nur, »Meine Damen und Herren, die S 41 verspätet sich um wenige Minuten.« Jetzt wäre es doch spannend, mehr darüber zu erfahren: Nicht nur dass, sie sich verspätet, sondern warum. Ich meine keine Gründe wie Rettungseinsätze, sondern so Sachen wie: Der S-Bahnfahrer konnte zu Hause seinen Ausweis nicht finden und verspätet sich deshalb, oder: Der Busfahrer musste noch seine Schwiegermutter zum Flughafen bringen und kommt deshalb zu spät. Das wäre doch mal ausgefallen und würde von den Leuten sicherlich abgenickt werden, denn solche Situationen kennen wir doch alle.

Dafür hätten doch die meisten Verständnis, aber doch nicht für Signalstörungen oder ähnlichen Schmu. Oder für Radschäden im Winter. Konnte man sich da nicht im

Sommer drauf vorbereiten? Jedes Jahr kommt es mir so vor, als wären sie bei der Bahn total verwundert, dass es ja jetzt schon wieder kälter wird. Sitzt dann da einer und meint: Och Mensch, haben wir uns schon wieder das Jahr nicht um die Ersatzzüge gekümmert und die anderen repariert, na ja erzählen wir halt den Leuten, wir hätten es jetzt zu kalt und deshalb Radschäden bei der S-Bahn und sie müssten eben zwanzig Minuten in der Kälte warten, weil zu wenig Züge intakt sind?

Oder: Ausreden für den Pizzaboten, der immer zu spät kommt. Gut, Einzelheiten möchte ich jetzt auch nicht hören, wie, der Koch hielt vorher noch eine längere Sitzung, aber es wäre doch mal was anderes, wenn es nicht immer der Verkehr wäre, weshalb die Pizza zu spät geliefert wurde.

Ich hätte da einen viel besseren Vorschlag: Der Koch hatte wieder einmal vergessen für seine Familie einkaufen zu gehen und nun war seine Frau im Restaurant erschienen und hatte ihn wutentbrannt dazu aufgefordert das zu erledigen. Das würde ich doch verstehen: Ach, deshalb ist die Pizza fast kalt.

Ich dachte mir noch, wenn das so eine italienische Mama war, na die können ja bekanntlich dominanter sein. Jedenfalls gäbe es viele schöne Möglichkeiten Verspätungen oder Fehler mal anders zu rechtfertigen. Dann wären vielleicht auch nicht immer alle gleich so sauer.

Abschied nehmen

Jojo musste leider, während dieses Buch verfasst wurde, seine Oma und seine zwei Meerschweinchen verabschieden. Dann kam auch noch sein lieber Uropa dazu.

Und immer wieder stellte mich das vor die Fragen: Wie spricht man mit seinem Kind über den Verlust von lieben

Menschen? Wie hält man die Balance zwischen Trauer und Alltag, denn der muss ja irgendwie weitergehen?

Unser Glaube an Gott half uns dabei und die Hoffnung auf ein Wiedersehen eines Tages auch. Aber half das auch dem eigenen Kind? Mittlerweile war Jojo fast Profi im Abschiednehmen geworden. Er verstand, er weinte, er tröstete und er spielte unbeschwert weiter.

Als seine Oma, meine liebe Schwiegermutter, ganz plötzlich verstarb, befand sich die ganze Familie in einer Art Schockzustand. Und Jojo war zu klein, um das zu verstehen. Gerade zwei Jahre geworden, war er mit anderen Dingen in seinem Kinderleben beschäftigt. Es war hart für uns alle, einfach weitermachen zu müssen, aber Jojos kindliche Freude half uns nach und nach darüber hinweg.

Es gibt unzählige Bücher für Kinder, die sich mit dem Thema Tod beschäftigen: in Bildern und wunderbarer Sprache, in Humor und anderer Art. Für mich wäre ein sogenannter Trostkoffer gut gewesen. Eine Freundin erzählte mir davon. Ein Koffer, in dem man Trostpflaster, Taschentücher und anderes Trauermaterial findet.

Zu einer Beerdigung brauchte Jojo noch nicht zu gehen und solange es möglich war, wollten wir das auch so halten.

Er glaubte mit mir an den Himmel und das war schön und half uns über manche Traurigkeit, die sich vor allem um die Vorweihnachtszeit einstellte, hinweg.

Ich kann ihnen nur an dieser Stelle raten: Reden sie altersgerecht mit ihrem Kind über dieses Thema, auch über Abschied, dann wird es ihnen und ihrem Kind besser gehen.

Weihnachtszeit ist Bastelzeit

So wenig ich Zöpfe flechten oder Törtchen verzieren konnte, konnte ich auch basteln. Es war jedes Mal wie ein Schock für mich, wenn unser Sohn einen neuen Basteltermin für einen Nachmittag mit Eltern mit nach Hause brachte.

Mein erster Gedanke war immer: Hoffentlich arbeitet mein Mann eine Schicht, die es ihm ermöglichte in die Kita zu gehen und mit Jojo zu basteln. Mein zweiter war immer der Wunsch, dass es mich möglichst nie treffen würde.

In Jojos Kita wurde genau dreimal im Jahr mit den Eltern zusammen gebastelt. Zu Ostern, zum Laternenfest und zu Weihnachten. Ich wurde jedes Mal verschont. Ach, Zufälle sind schon was Schönes.

Nicht auszudenken, wenn es mich einmal getroffen hätte. Die Schmach, die mein Junge hätte tragen müsste, weil seine Laterne total schief geklebt war oder seine Sterne verschnitten waren oder sein Osterhase eher wie ein Osterbär aussah, weil Mama ihm die Ohren versehentlich zu kurz abgeschnitten hatte.

Nein, ehrlich, ich habe bestimmt einige Talente, aber Basteln zählt absolut nicht dazu, noch weniger das Malen.

Deshalb musste der beste Ehemann von allen immer wieder in der Kita antreten. Er war ein Bastelmeister, ein Feinmotoriker par excellence. Ich hoffte nur, dass er Jojo Gelegenheit geben würde, selbst auszuschneiden und zu kleben. Denn manches Mal kam es mir schon sehr verdächtig vor, wenn Jojo trocken meinte: »Der Papa hat mir geholfen.« Das sah dann für mich eher aus, als wäre es andersherum gewesen.

Ja, meist beschlich mich das Gefühl, der Papa tobte sich richtig aus zwischen Klebern und Krepppapier.

Er und die anderen Eltern berichten mir auch immer wieder davon, dass er ihnen noch helfen konnte, weil er schon so

schnell fertig geworden ist. Und im Laternenbasteln über-
trumpften sich die Väter auch. Unsere hatte dieses Jahr die
Form einer Feuerwehr und einer Lokomotive auf der anderen
Seite. Bei den anderen Jungs und Mädchen waren die Motive
Haie oder Dinosaurier. Ich fragte mich, wo die Zeit hin war,
in der man als Kind froh war, wenn die blöde Laterne nicht
sofort in Flammen aufging oder das Licht nicht gleich wieder
erlosch durch den Wind. Nach dem Motto: »Brenne auf mein
Licht, brenne auf mein Licht, aber nur meine liebe Laterne
nicht …?« Wir dachten früher nicht daran, welche Form die
Laterne hatte. Meist war sie rund und schnell aus Luftballons
und Pappmaschee gebaut.

Heutzutage durfte es doch bitte etwas mehr sein. Und
durch LED-Leuchtstäbe wurde das Lichtschauspiel noch un-
gefährlich und garantiert dauerhaft. Es sei denn eine Elekt-
rode fiel versehentlich aus. Aber dieses Risiko war doch eher
gering. Und was solls: Die gute Mutter hat mit Sicherheit für
alle Fälle noch einen zweiten Stab zur Hand. Und ein bisschen
Nervenkitzel sollte doch schon noch sein, oder?

Jedenfalls war ich immer sehr gespannt, womit die beiden
als Weihnachtsdekoration nach Hause kamen. Die goldene
kleine Eule aus Klopapierrollen hat es leider nicht ganz über
den Winter geschafft. Aber vielleicht war die Bastelei von diesem Jahr etwas stabiler.

Alle meine Freunde

Es ist kaum sechs Monate her, da kam Jojo aus der Kita mit
einem Freundebuch. »Da soll ich was reinschreiben … das ist
von Mario.«

Ich schaute es mir an und nahm mir fest vor, dass ich es gemeinsam mit meinem Sohn ausfüllen würde. Ja, und das nahm ich mir so ca. vierzehn Tage vor. Immer wieder. Langsam wurde es mir peinlich, und dann holte ich Jojo eines Abends zu mir.

»So jetzt kümmern wir uns um das Freundebuch. Schau mal, hier kannst du was reinmalen.«

»Okay, Mama.«

»Und da müssen wir noch ein schönes Foto von dir einkleben.«

»Ja, das machen wir.«

Mist. Im Zeitalter der Digitalfotografie hatte ich noch kein schönes Foto ausgedruckt.

Das bedeutete: Wieder musste der arme Mario darauf warten, dass sein Buch endlich zurückgegeben wurde. Seiner Mutter ging ich, so gut ich konnte, aus dem Weg, um nicht erklären zu müssen, warum ich denn so lange brauchen würde mit dem Album. Als ich nach insgesamt einundzwanzig Tagen dazu kam, endlich ein schönes Foto von Jojo auszudrucken und einzukleben, war der Kleber abends leer. Es war zum Verzweifeln. Jetzt musste ich also auch noch Kleber besorgen. Langsam ging es mir ans Herz, dass der kleine Mario so tapfer auf sein Buch wartete. Bei seiner Mutter hatte ich mich schon per Handy entschuldigt.

Am nächsten Tag kaufte ich schnell Kleber und vervollständigte die ausgefüllten Seiten mit einem schönen Foto von Jojo auf dem Fahrrad. Ich war stolz auf mich. Endlich ein Punkt weniger auf meiner To-do-Liste.

Als ich in die Kita kam, um Jojo abzuholen und das »fertig« eingetragene Freundebuch zurückzugeben – es wurde schon sehnlichst erwartet – traf mich fast der Schlag, als ich in Jojos Fach blickte. Dort lag ein weiteres Freundalbum.

»Das ist von Hugo. Er möchte, dass ich da was hineinmale und du sollst was schreiben«, begrüßte mich Jojo freudestrahlend.

Ich dachte in diesem Moment nur: Na, wenn er genug Zeit hat, darauf zu warten …

Es sollte an dieser Stelle nicht unerwähnt bleiben, dass es auch später zu einer Verzögerung der Rückgabe kam. Meine Güte, ich war so schlecht im Rückgeben von Büchereibüchern und musste immer Strafe zahlen, weil ich es sogar versäumte, sie zu verlängern. Warum sollte es mir mit privaten Alben leichter fallen.

Ich warnte die Leute bereits vor. Zuletzt hatten wir eines von einem Freund aus Darmstadt zugeschickt bekommen. Auch dieses Mal hat es einige Zeit in Anspruch genommen, es wieder an die Adresse zurückzusenden. Aus oben genannte Gründen – versteht sich.

Und was glauben Sie, haben wir von einem Besuch am Wochenende bei Freunden mitgenommen?

Genau, ein neues Album zum Eintragen.

Wie schön, dass unser Kind so beliebt ist …

Tigermother vs. Kuschelpädagogik
Manches Mal ertappe ich mich doch tatsächlich dabei, dass ich auch eine wunderbare Hauptrolle in diesen unsäglichen Shows über Kinderwettbewerbe spielen könnte. Diese Shows wo die Mütter hinter ihren Kindern stehen und sie die ganze Zeit zu Höchstleistungen antreiben, meist in den USA.

So geschehen bei einer Minitanzaufführung von Jojo. Das Besondere daran war, dass es die erste in seiner Tanzschule war. Als unser Sohn da gerade das Beste gab, gab ich ihm stille Anweisungen von meinem Platz aus, wie: »Gerade sitzen!«, »Schulter strecken!«, »Lächeln!«, usw.

Ich war wirklich hysterisch und voll dabei.

Jojo wirkte leicht verunsichert, denn die anderen Eltern hielten nur den Daumen hoch für »gut gemacht« und ich nuschelte die ganze Zeit irgendetwas vor mich hin, was für ihn bestimmt war.

Er versuchte, glaub ich, zu verstehen, was ich wollte, was ihn doch sehr ablenkte. Ich rief mich schnell selbst zur Ruhe und hörte auf.

Nach der überaus gelungenen Darbietung drückte ich ihn an mich und applaudierte ihm noch einmal. Ihn aber interessierte nur das Schokokeks-Buffet und das Geschenk, das er noch erhalten sollte. Bevor ich ihm also noch kleine Glückwünsche oder auch Ratschläge mitgeben konnte, war er bereits verschwunden – und ich etwas irritiert. Ich hatte das unbedingte Bedürfnis ihm mitzuteilen, wie stolz ich auf ihn war und wurde damit einfach stehengelassen.

Nun befanden wir uns gerade in der Weihnachtszeit und dementsprechend wurde einiges aufgeführt von den Kleinen. Auf die Tanzaufführung folgte ein Chorauftritt.

Jojo war im Kita-Chor, wobei er das selbst ausgesucht hatte und ich nur eine Rolle am Rand spielte, weil ich selbst sang. Jojo hatte wirklich eine schöne, helle Stimme, und es klang schön, ihn zu hören. – Normalerweise.

Normalerweise stand er dabei auch und saß nicht lümmelnd auf einem Stuhl. Er hatte auch im Normalfall etwas Ehrfurcht vor de Publikum. Es lauschten immerhin rund fünfzig Eltern und Großeltern. Dieses Mal jedoch nicht. Und ich saß auf meinem Stuhl und konnte nichts tun, außer festzustellen, dass er etwas unruhig auf seinem Stuhl hin und her wippte, dann im Lotussitz in der Nase bohrte, sich in seinem Pulloverärmel verbiss und daran lutschte, ab und zu mal nach hinten zu seinen Mitsängern schaute. Zwischendurch hatte man auch das Gefühl, er sang die Strophen mit, obgleich er sich um die Bewegungen dazu nicht scherte.

Ich wurde immer unruhiger auf meinem Sitz. Ich machte ihm Zeichen, wie: »Nicht popeln!« – »Gerade sitzen!« – »Lächeln«. Und dann fing er doch tatsächlich an zu gähnen, mitten in der andächtigen Stimmung. Ich schämte mich. Ja, ich gebe es zu. Das tat ich wirklich.

Als er von der Bühne kam, mit einem Schokoengel als Geschenk, quengelte er gleich, er wolle den Engel auf der Stelle essen.

Als einfühlsame Person und Mutter, die ich sonst sehr wohl bin, hätte ich ihm das auch gestattet, aber hervorkam leider die drillende Tigermom, die enttäuscht war, dass ihr Sohn die Bühne so gar nicht ernst nahm und die das auf der Stelle mit ihm klären musste: »Hat es dir nicht gefallen, hast du keine Lust zu singen. Du wirktest nämlich so. Wenn es keinen Spaß macht, dann lass es. Das ist nicht schlimm, aber so ???«, hörte ich mich sagen. Jojo fing zu weinen an, weil ich ihm erst mal verbot den Schokoengel zu essen. Gott sei Dank, rief mich der beste Ehemann zur Ordnung und sagte Jojo, dass er stolz sei, dass er nicht wie einige andere Kinder auf unseren Schoß geflüchtet war und drückte und herzte ihn.

Und ich? Ich schämte mich zutiefst, konnte aber den Drang auf eine Antwort von Jojo, ob es ihm denn noch Spaß machen würde, nicht unterdrücken. Ich lief aber schweigend neben den beiden »Männern« nach Hause.

Nur um dann noch mal zum Abendbrot fragen zu können. Und gerade als ich ansetzen wollte, da sagt doch Jojo ganz unvermittelt, mit dem Brot in der Hand: »Das war eine schöne Aufführung, stimmts Mama?«

»Ja, stimmt«, sagte ich etwas verunsichert, angesichts des Dramas, was ich daraus gemacht hatte. Und diesmal schämte ich mich wirklich. Unser Kind hatte Spaß gehabt an der Sache an sich und sah sich nicht im Wettbewerb mit den anderen, deshalb nahm er es ganz locker.

Eben so, wie es für Kinder üblich war.

Und der Countdown läuft ... alle Jahre wieder ...

Alle Jahre wieder erlebten wir ein Silvester zu zweit, da der beste Ehemann von allen mal wieder Dienst schieben musste.

Dieses Jahr sollte es endlich ein Silvester zu dritt werden. Ein ruhiges, da Jojo wieder mal Fieber über die Feiertage bekommen hatte.

Der Tag fing ganz beschaulich an, wir sortierten zum Jahreswechsel schnell noch ein paar alte Spielsachen aus, und die neuen von Weihnachten ein – allesamt noch im Schlafanzug. Wir schliefen noch mal eine Runde vor, und dann sollte unser Silvesterfest langsam starten. Zuerst schminkten wir uns und tanzten und schossen alberne Fotos für die Liebsten. Jojo ging es Gott sei Dank wieder besser und wir naschten Pfannkuchen (Berliner).

Dann endlich war es soweit, 18 Uhr und es durfte geknallt werden. Also »bewaffneten« wir uns mit Feuerzeug und jeder Menge Knallfröschen, Batterien und Silvesterraketen. Ich war gespannt, was mich dieses Jahr erwartete.

Einmal hatten Jojo und ich auf der anderen Straßenseite zuschauen wollen, was der Papa uns für ein großartiges Feuerwerk zauberte. Blöd nur, dass immer dann, wenn wir etwas sehen hätten können, die Straßenbahn vorbeifuhr. Wir verpassten daher immer das Bodenfeuerwerk und gaben uns damit zufrieden, den anderen Familien dabei zuzusehen, die ein etwas größeres entzündeten.

So warteten wir also dieses Mal darauf, dass sich etwas direkt vor unseren Augen tun würde. Der beste Ehemann von allen hielt begeistert eine Feuerzeugflamme an die Lunte einer Silvesterbatterie und wir gingen schon freudig in Deckung: 1, 2, 3 – nichts. Da hörten wir ihn fluchen, dass das dämliche Feuerzeug schon alle wäre. Er schüttelte es und fluchte, verbrannte sich am Daumen, als es doch kurz aufflackerte und endlich, nachdem wir schon mindestens drei weitere Feuerwerke betrachten konnten – von anderen – tat sich auch vor unseren Augen etwas. Der Liebste sprang zurück und wir konnten unser eigenes Spektakel bewundern.

Dieses Spiel wiederholte sich noch dreimal mit Fluchen und Schütteln. Dann kamen die Raketen an die Reihe. Hierzu wäre es sehr wichtig, einen Anzünder zu benutzen, den wir aber nicht mehr hatten, da unser Feuerzeug kaputt war. Es gab einfach auf halben Weg den Geist auf und wir konnten nur erahnen, was uns da entgangen war.

Kurzerhand gab der Liebste auf und entschuldigte sich mit den Worten, er müsste eben nach oben, ein neues Feuerzeug holen. Da standen wir dann zu zweit in der Kälte, genossen in der Zwischenzeit noch ein paar andere Leuchterlebnisse, merkwürdigerweise funktionierte es bei allen anderen sehr gut, und warteten ab. Nach gefühlten zehn Minuten, wir waren schon am Frieren, kam der beste Ehemann von allen nach unten getrödelt und hielt stolz ein neues Feuerzeug in die Höhe.

»So damit klappt es ganz bestimmt.«

Ich hoffte innerlich nicht noch mal so ein Desaster zu erleben, wie sollte ich Jojo sonst erklären, dass sein Papa ausgerechnet an Silvester kein funktionierendes Feuerzeug auftreiben konnte und auch vorher nicht daran gedacht hatte, die vorhandenen zu überprüfen.

Leider sollte ich eines Besseren belehrt werden. »So ein Sch…teil, das kann doch wohl nicht wahr sein!«, wurde ich auch schon aus meinen Gedanken gerissen. »Der Wind ist einfach zu stark!« Unnötig zu erwähnen, dass mein Ehegatte noch nie in seinem Leben geraucht hatte und demzufolge auch nie mit solchen Widrigkeiten wie eine Flamme im Wind zu entzünden zu tun gehabt hatte.

Ich bin an dieser Stelle nicht stolz darauf, aber ich hatte dementsprechend ein paar einschlägige Erfahrungen vorzuweisen. Also hielt ich meine Hand als Windschutz vor die Flamme, schickte noch schnell ein Stoßgebet, die Rakete möge bitte nicht an meiner schützenden Hand explodieren und dann geschah endlich unser ganz persönliches Silvesterwunder.

Nach etlichem Hin und Her erlebte Jojo sein ganz eigenes Leuchtereignis. Es blitzte und funkte und sprühte und war eine wahre Freude anzusehen. Alles Quengeln und Jammern war auf einen Schlag vergessen. Wir schafften es tatsächlich in Teamwork noch drei weitere Raketen anzuzünden und warfen vor Freude darüber noch ein paar Knallerbsen und Frösche auf den Boden und kicherten dabei vor uns hin.

Der Liebste atmete an dieser Stelle mal kurz durch, er hatte vorher schon ein paar Schweißtropfen vor Ärger und Anstrengung fließen lassen. Wir packten unseren Müll und die restlichen Sachen zusammen und plötzlich fiel mir ein Anzündestäbchen vor die Füße. Ich hielt es dem Liebsten vor die Nase und er verzog das Gesicht zu einer Grimasse. Das hätte uns das ganze Theater erspart! Na ja, »hätte, hätte, Fahrradkette«, wie meine Freundin immer sagt.

Nach dieser kleinen Aufregung ließen wir, nachdem Jojo im Bett war, bei Cola das Jahr ganz ruhig ausklingen.

Time to Say Goodbye *oder* **Der etwas andere Nachruf ...**
Wie schon oben erwähnt, verstarb mein Großvater und das neue Jahr begrüßte uns mit seiner Bestattungsfeier.

Ich war angenehm überrascht, als ich feststellte, dass doch einige Familienmitglieder anwesend waren, mit denen ich gar nicht gerechnet hatte, so auch meine verschollene Cousine. Wir schlossen uns überglücklich über dieses unverhoffte Wiedersehen in die Arme. Mir rutschte vor allen Trauergästen ein »Das ist doch Scheiße, dass erst jemand sterben musste, damit wir uns wieder finden« heraus, doch die Anwesenden nahmen es mit Humor und lächelten verständnisvoll. Den Humor sollten sie noch brauchen, angesichts dessen, was uns wenig später im Rahmen der Trauerfeier erwartete.

Eine meiner Tanten schaute etwas pikiert auf die Uhr und deutete dem Pfarrer, dass es ja schon 11 Uhr sei, eigentlich der Beginn.

Ja, der Organist suche noch einen Parkplatz, also seien wir da ganz entspannt – entgegnete er ihr. Ich fand das sehr mutig – meine Tante kann auch anders, aber der Anlass brachte sie wohl dazu, so etwas wie Ehrfurcht zu haben vor dem Geistlichen.

Tatsächlich verbrachten wir etliche Minuten damit, schweigend auf den Organisten zu warten. Als er eintraf, staunte ich nicht schlecht, er war schon etwas betagter. Aber gut ich wollte ihm natürlich die Chance geben sich zu beweisen. Die Feier fand ihren Anfang in der kurzen Vorstellung des Pfarrers und der Ankündigung, der Organist würde jetzt *Over the Rainbow* auf der Orgel spielen.

Das an sich fand ich schon sehr gewagt. Und war sehr gespannt, was mich erwarten würde. Wie das so ist mit zu hoch angesetzten Erwartungen, sie wurden natürlich nicht erfüllt. Niemand erkannte das Stück, da der Musiker sich scheinbar zum Ziel gesetzt hatte, das Intro solange er konnte in die Länge zu ziehen. Ich sah so etwas wie Erleichterung im Blick meines lieben Onkels, der als Sohn meines Großvaters alles im Vorfeld organisiert hatte mit den besten Absichten, als er erkannte, dass es tatsächlich das ausgewählte Lied gewesen war.

Daraufhin folgte die Rede auf meinen Opa. Der Pfarrer begann mit: »Er war ein passionierter Schachspieler gewesen, jetzt ist er schachmatt.«

Ich traute meinen Ohren nicht und drehte mich zu meinem Ehemann um. Hat er das jetzt wirklich gesagt?

Es folgten weitere Anspielungen wie: »Der König fällt am Schluss, er spielte immer auf dem Brett des Lebens, es war sein letztes Spiel, jetzt hat es sich ausgespielt.« Müßig an dieser Stelle jede Einzelheit zu wiederholen. Ich fand, jetzt sei es genug, da hatte er anscheinend seinen Faden verloren und fing wieder von vorne an … etwas verschämt lächelte der Redner in die Runde.

Nun gut. Ein christliches Lied sollte folgen. Leider kannte es niemand und nicht einmal der Pfarrer konnte sich gegen das ohrenbetäubende Gejaule der Orgel gesanglich durchsetzen. Was es nicht besser machte, war das nicht gerade zarte Stimmchen, das aus der letzten Stuhlreihe erklang, zwar die Melodie richtig sang, aber das Tempo ständig wechselte. So glich es fast einem Wettrennen: der Pfarrer gegen die Orgel versus den Mann aus dem Schachverein. Der eigentliche geistig tiefgründige Text verlor an Charme, und der besinnliche andächtige Moment war vorbei, trotz vier Strophen.

Wenigstens verhaspelte er den *Psalm* nicht und das *Vater unser*. Danach folgte noch *Time to Say Goodbye*, viel zu schnell gespielt und so ebenfalls nicht ganz so andächtig, wie es der Stimmung angemessen gewesen wäre.

Die eigentliche Predigt fiel auch sehr dünn aus, man konnte den Worten des Redners vernehmen, dass wir alle wieder zu Gras werden oder so. Noch unpassender hätte es nicht laufen können, begruben sie doch die Asche meines Großvaters auf einer Wiese, ohne Grabstein.

Alles in allem wirkte die gesamte Bestattung eher wie eine Parodie auf eine solche.

Aber auch wenn es nicht perfekt war, wenn ich ehrlich bin, es war die richtige Bestattungsfeier für meinen Opa gewesen. Er hätte es geliebt, so wie er Heinz Erhardt und dessen Parodien verehrte, und mal unter uns: Heinz Erhardt hätte den Organisten nicht besser spielen können.

Wie entrümpele ich mein Leben?

»Mama, wenn wir was aussortieren, dann bekomm ich doch wieder was Neues zu spielen, oder?«

»Ja, Jojo, genauso haben wir das besprochen. Wir schaffen Platz in deinem Zimmer für etwas Neues. Damit du genug Platz zum Spielen hast.«

Das war zumindest der Plan gewesen. Der Papa hatte ein Regal dafür gekauft, das wir nun wunderbar im Flur vor Jojos Zimmer unterbringen konnten und in dem wir sein komplettes Playmobil-Spielparadies verstauen konnten. So hatte er mehr Raum zum Spielen und war nicht so erschlagen von der Fülle seiner Ansammlungen. Das funktionierte sehr gut. Jojo unterstützte uns tatenkräftig bei den Umbaumaßnahmen und freute sich sehr über das neue Zimmer. Den »Babykram« sortierten wir dabei aus und machten eine Sammeltüte für Flüchtlingskinder daraus.

Ich war sehr zufrieden mit uns und dann kam ich ins Grübeln. Was musste **ich** eigentlich mal dringend aussortieren außer alter Kleidung? Und wo fing ich am besten an?

Als ich meine Sachen durchsah, war ich erstaunt darüber, wie viel ich schon angesammelt hatte in ein paar Jahren.

Und dann stieß ich auf den Korb mit den Tagebüchern von alten Zeiten. Und ich meine wirklich alte Zeiten, ich hatte sie gesammelt seit meinem 12. Lebensjahr.

Ich setzte mich und las sie alle quer … Nach einer Stunde fiel mir ein, was ich ja eigentlich vorgehabt hatte.

Okay. Noch einmal von vorn, dachte ich bei mir und dann beschloss ich mich von meinem alten Ich zu verabschieden … ein paar Seiten riss ich aus, um sie als Erinnerung zu behalten. Und dann fing ich an: Seite für Seite, ich riss und knickte und warf weg.

Bis ich mit allen Sachen durch war, hatte ich mindestens 5 Tüten gefüllt, große Einkaufstüten bis zum Rand. Mit Papieren und Erinnerungen eines anderen Lebens. Und ich fühlte mich so gut. So aufgeräumt. So leicht. Der ganze Ballast plötzlich abgeworfen.

Früher hatte ich die Nase gerümpft über Leute, die sich von allem trennen konnten und sich damit brüsteten, ich hatte das nicht nötig. In Wirklichkeit weigerte sich mein altes Sammlerherz, es auch einmal zu versuchen. Ich verstand plötzlich, dass sie recht gehabt hatten. Ansammlungen können das Leben auch beschweren.

Ich bekam Lust mich den anderen Zimmern in unserer Wohnung zu widmen.

Als Nächstes war die Küche dran. O je, was ich da alles fand. Lauter Backpulverpäckchen, die schon seit drei Jahren abgelaufen waren. Und jede Menge Zeug, das einfach in der Eile auf den Küchenschränken oben abgestellt worden war.

Wenn ich es genau betrachtete, offenbarte sich immer mehr, was dringend weggeworfen werden konnte. Unter anderem eine uralte Fritteuse, die nach einmaligem Gebrauch nie wieder Verwendung gefunden hatte. Und leider auch nie einen neuen Besitzer.

Wo wandern die ganzen Erinnerungen hin, wenn man sich erst einmal von ihnen getrennt hat? Würden sie neue Besitzer bekommen?

Ich jedenfalls war stolz darauf, den ganzen Ballast einfach hinter mir gelassen zu haben.

Was nicht bedeutet, dass ich zwischendurch nicht immer wieder daran dachte, noch mal schnell nachts mit Taschenlampe den Müll nach eventuellen »Schätzen«, die ich nur versehentlich weggeworfen hatte, zu untersuchen.

Gott sei dank bremste mich meine innere Stimme und ich verschlief die etwaige Nachtaktion.

Technik, die begeistert …

Neulich hatte ich mit meiner lieben Cousine eine Diskussion zum Thema CD oder Streamingdienste …

»Ich habe jetzt mal einen ausprobiert und war davon nicht überzeugt«, fing ich das Gespräch an.

Ich hätte wissen müssen, was darauf folgte. Sie fühlt sich nämlich im digitalen Dschungel viel wohler als ich.

»Wie überzeugt? Das muss dich doch nicht überzeugen, du kannst dir da deine ganzen Playlists zusammenstellen und wieder rausschmeißen.«

»Ja, aber das ist mir zu viel Auswahl, und da kann ich gar keine CD von machen!!«

»Du wieder …, in zehn Jahren gibt es keine CDs mehr … Außerdem gibt es für Jojo so viele tolle Hörspiele, die musst du dir gar nicht anschaffen. Da holst du ihm ein günstiges Smartphone, lädst ihm da ein paar Hörbücher drauf und wenn er sie durchgehört hat, suchst du ihm wieder neue aus. Das ist viel einfacher, das kann er überall mit hinnehmen und braucht seinen CD-Player nicht mehr.«

Ich musste zugeben, dass sie recht hatte.

»Ja, aber das spricht gegen mein Sammlerherz?«

»Das sind nur nichtige Anhäufungen und außerdem sind die gar nicht umweltfreundlich, das muss man auch mal bedenken. Außerdem, wenn ich das schon als größte Musiksammlerin festgestellt habe, dann musst du das doch auch. Es geht doch darum neue Musik zu entdecken, zu erforschen, Bücher zu hören usw.«

Ich gebe an der Stelle nur ungern zu, dass ich mich nicht wirklich gegen diese durchaus aussagekräftigen Argumente stellen konnte. Der Mann, der mit seinem Handy neben uns in der S-Bahn beschäftigt war, konnte sich zwischendurch ein

Schmunzeln nicht verkneifen, er war wesentlich jünger als wir und dachte sich vielleicht an der Stelle: Ach ja, die Muttis … keine Ahnung von der neuesten Technik.

Aber mal ganz ehrlich, gut, ein Nerd – ein technikbegeisterter Freak – bin ich wirklich nicht, aber wer soll sich denn auch auf dem Markt auskennen, wenn man sich nicht täglich damit beschäftigt?

Da gibt es ja auch wirklich allerhand Neues zu entdecken. Vor allem für Kinder – wir haben schon einen sprechenden Stift. Jetzt haben wir auch noch einen, der interaktiv Spiele auf einem Gesellschaftsspielbrett mit einem spielt. Das ist an sich ganz nett und auch lehrreich. Aber für wen wurde das erfunden?? Für die Kinder, deren Eltern sich keine Zeit – nicht mal Zeit für ein gemeinsames Spiel nehmen???

Zumindest ist es kein Computerspiel, das ist schon mal ein großer Vorteil. Und neulich haben wir als ganze Familie zusammengesessen und bei der monstermäßigen Musikschule spielerisch Noten, Takte und Instrumente gelernt, und uns diebisch gefreut, dass wir beim Bandwettbewerb gegeneinander gewonnen hatten. Mal der Liebste mit seinen Rocky Rockers, die Oma mit den Jazzy Jazzers, Jojo mit den Poppy Poppers – übrigens einer Art Boyband – und ich mit meiner Band Luna Latin, die, wie ich fand, wirklich viel von meinem Musikgeschmack widerspiegelte.

Kurzum, es war ein Vergnügen, mit der neuen Technik zu spielen, und ich dachte, damit wären wir jetzt auch endlich angekommen in der digitalen Welt für Kinder, aber weit gefehlt. Neulich habe ich doch tatsächlich schon wieder etwas Neues entdeckt.

Eine Tony-Box mit passender Figur. Das Ganze sieht aus, wie eine Boombox mit Bluetooth- Anschluss, ja ich kenne dieses Wort auch – aber das Besondere daran ist, dass man eine Figur, die schon eine Hörbuchdatei enthält – einfach oben auf die Box stellt. Dann wird das Ausgewählte abgespielt – zum Beispiel die Benjamin Blümchenfigur mit passender Geschichte. So können auch schon jüngere Kinder ganz selbstständig ihren Hörspielen lauschen, ohne ständig zu fragen, wo denn die Play-Taste oder die Stopp-Taste sei usw. Sie müssen die Figur einfach runternehmen: Das bedeutet dann »Stopp« oder »Pause«. Ich war angesichts der Fülle der Figuren und Hörbücher mehr als begeistert. Der Preis allerdings schreckte mich dann doch wieder ab. Allein die Box sollte schon achtzig Euro kosten und obwohl die niedlichen Figuren mein Herz höherschlagen ließen, erinnerte ich mich schnell wieder daran, dass Jojo erst vor Kurzem einen CD-Rekorder mit USB-Anschluss bekommen hatte. Und daran, dass das Gerät auch als Geschenk für etwaige Nachkommen schlichtweg zu teuer wäre. Also verabschiedete ich mich etwas traurig wieder von dieser Vorstellung und lud mir noch schnell eine neue App für Jojo runter, damit auch die kleinen Pixibücher anfangen würden zu sprechen und ein Bild in 3-D zeigten. Ich muss sagen, so langsam gefallen mir diese neuwertigen Spielereien mit Literatur selbst und wenn Jojo gerade nicht da ist, schnapp ich mir manchmal eines von seinen Sach-Wimmelbüchern, den passenden sprechenden Stift dazu, lausche den witzigen Kommentaren, die aus ihm rauskommen und lerne so ganz nebenbei etwas über die Sehenswürdigkeiten in Paris oder London …

Meine ganz eigene Odyssee oder Wie kaufe ich eine neue Brille?

Die Entscheidung stand schon lange fest: Ich bekam Kopfschmerzen von der alten und das bedeutete, ich brauchte eine neue Brille.

Also nutzte ich die Zeit, um mir dieses Mal ganz in Ruhe ein neues Modell auszusuchen. Das war das Problem. Die »Neue« sollte so anders sein. Auf keinen Fall dunkelrot und aus Kunststoff. Und das war es auch schon, was ich mir überlegt hatte. Ich war mindestens genauso aufgeregt wie beim Shoppen. Ich brauchte aber einen unabhängigen Berater – und entschied mich für meinen Bruder.

Wir gingen in zwei verschiedene Optikgeschäfte und fanden insgesamt zwei, bei denen es sich erstens um ein knallblaues Modell handelte, das aus großen nur unten gerahmten Gläsern bestand und zweitens um ein Nulltarifmodell mit roséglänzendem Rahmen und schlichtem Gestell. Dank unseres digitalen Zeitalters schrieb ich mit zwei weiteren Freundinnen und ließ mich von allen Seiten von der Optikerin fotografieren. Ich hatte etwas schüchtern zugestimmt, als sie über meine eigenen Fotografierkünste die Nase gerümpft hatte. »Das ist doch wirklich eine ganz schlechte Perspektive.«

Sie sah mit ihrem eigenen auffallenden roten Gestell ein wenig extravagant aus, war vielleicht Anfang 50 und tadelte meinen Bruder: »Hilfe, Sie haben doch nicht ihre Brille am Pullover abgewischt, hinter ihnen steht doch die Brillen-Reinigungsstation.«

»Es tut mir leid«, räumte sie ein …, »ich bin nun mal eine Dramaqueen.« Tatsächlich erinnerte sie mich an Bruce aus GNTM, wenn er schockiert darüber war, dass die Handtasche der Models nicht richtig »lebte«: »Schatzilein, denk an deine

Handtasche ...«, und dabei wie ein eitler Pfau auf seinen High Heels vor den Frauen auf und ab stapfte und ihnen vormachte, wie man seine Handtasche richtig präsentierte.

Ich sendete das Foto, das zugegebenermaßen weitaus besser geraten war als meines, los und sofort kamen die Kommentare: »O je, die ist viel zu groß, zu grell, die macht dich alt, die ist zu auffällig.«

Der beste Ehemann von allen war weitaus gnädiger: »Das Blau steht dir gut, aber das Gestell nicht.«

Ich beschloss es auf eigene Faust zu versuchen. Ich durchkämmte drei weitere Läden in drei Stunden, aber die neue war nicht dabei. Ich hatte mich durch gefühlt dreihundert Brillen gekämpft, als ich das nächste Geschäft betrat. Doch in dem Moment, wo ich der Beraterin gegenüber saß, war mein erster Gedanke: O je, du hättest aber mal selbst eine Beratung gebraucht, Mausi.

Ich gebe zu, ich habe die versteckte Kamera gesucht, weil ich es nicht glauben konnte. Vor mir saß eine junge hübsche Frau: tolle Haare, tollen Augenwimpern, toller Körper usw. Ich wäre fast neidisch gewesen und hätte mich unsicher gefühlt, wenn sie nicht durch dieses scheußliche Ungetüm entstellt und fast lächerlich gewirkt hätte. Nach dem Motto: Grace Kelly will ihre Brille zurück. Das Ding schrie nach den 80er-Jahren, ein Gestell, das an den Seiten flügelartig abstand, und dass ich maximal auf einer Mottoparty getragen hätte. Leider stellte ich im Laufe des Beratungsgespräches fest, dass dies der neue Frauenbrillentrend war. Ganz klar ohne mich. Niemand brachte mich freiwillig dazu, dieses Ding zu tragen.

Immer noch schaute ich mich nach der Kamera um oder dem Menschen, der mir in jedem Moment »Reingelegt!« zurufen würde. Doch sie meinte es ernst. Schon etwas konsterniert kam ich in den nächsten Optiker. Ich entschied mich für ein Gestell, das nur oben schwarz gerahmt war und ansonsten sportlich wirkte. Auch diese Verkäuferin machte ein Foto.

Ich ließ mir die Brille zurücklegen, für den Fall, dass ich mich für sie entscheiden würde und sendete: »Ich habe mich, glaub ich, entschieden!« Und erntete nur einen lachenden Emoji und den Kommentar: »Doch nicht etwa für die Fliege?«

Im Nachhinein sah ich ein, dass meine Cousine recht hatte. Ich sah aus, wie eine fürchterliche Fliege – auch die Gläser waren viel zu groß. Irgendwie hatte das viele Brillen ansehen und anprobieren meinen Blick getrübt.

Traurig ging ich nach Hause. Da fragte mich der Beste: »Warum gehst du nicht mit mir schauen?«

»Ja, warum eigentlich nicht?«

Gesagt, getan: Wir gingen los, und er bewertete knallhart, welche Gestelle mir stehen würden und welche nicht. Fast zielsicher fand er das richtige Modell für mich. Ich war aber noch nicht ganz zufrieden, ich wollte sie, aber ich wollte auch noch eine zum Wechseln. Also ab ins nächste Geschäft.

Auch dort war meinem Liebsten sehr klar, was er nicht mochte: »Nee, Schatz, das sieht scheiße aus, das ist nicht deine Form usw.«

Eine Frau, die neben uns stand, hatte mitbekommen, wie ich von ihm beraten wurde und als sie ihn fragte, wie er diese und jene Brille an ihr finden würde, machte er einfach fröhlich weiter mit den Bewertungen: »Nein, das passt gar nicht«, »Auf keinen Fall«, bis hin zu: »Da kommen sie in die Richtung, in der Richtung weitermachen« usw.

Ich lachte, und erwähnte schmunzelnd: »Nicht, dass sie sich die Optiker noch beschweren, du bekommst ja keine Provision dafür.«

Und dann glänzten meine Augen: In einem Regal vor mir lag sie. Das Gestell, exotisch bunt-kolibrifarben wie der Paradiesvogel, der ich bin. Türkis vorherrschend, kleine Gläser, trotzdem genug Sichtfeld.

Ich setzte sie fast ehrfürchtig auf, ängstlich, sie würde doch nicht zu mir passen. Dann blickte ich freudig auf mein Spiegelbild: Sie sah toll aus und sie passte zu mir. Als hätte sie schon immer mir gehört und ich sie schon immer getragen. Ich sah in das zufriedene Gesicht meines Mannes. »Ja, die sieht gut aus.«

Auch der Verkäufer nickte: »Da haben sie eine gute Wahl getroffen.«

Der Preis war ebenfalls unschlagbar. Ich unterschrieb, ließ sie anpassen und verließ, in mich hineinlächelnd, den Laden. Arm in Arm mit meinem Liebsten kehrten wir schnell noch beim Asia-Imbiss ein, um etwas Kleines zu essen.

Ich war unbeschreiblich happy und konnte es nicht erwarten, meine »Neue« in den Händen zu halten und bald spazieren zu führen.

Jojo ging sehr gern in die Bücherei und mittlerweile war er auch so alt, dass er sich durchaus selbst aussuchen konnte, was er gern mitnehmen möchte.

Die eine Regel war jedoch einzuhalten: Wir segneten vorher ab, ob es schon geeignet für ihn war oder nicht. Leider hat der beste Ehemann diese Regel einmal ausgesetzt und ihn ein Warum-Buch ausgeliehen – Thema: Woher kommen eigentlich die Babys?

Als er ihn abends ins Bett brachte, las er ihm scheinbar wirklich alle Details vor und fortan wurde ich mit Fragen, aus dem Nichts bombardiert: »Mama, war ich ein Kaiserschnitt. Macht ihr deshalb die Tür zu, weil ihr allein sein wollt?« Und so weiter. Ich antwortete fast mechanisch: »Nein, du warst kein Kaiserschnitt. Ja, wir wollen manchmal einfach unsere Ruhe haben …«

Und natürlich blieb auch das nicht aus: »Mama, ist in deinem Bauch auch ein Baby …«

»Nein, er ist nur aufgebläht.« Langsam nervten mich dieses Ausfragen … Ich beschloss das schnell zu ändern. Dabei rutschte mir eine Hörspiel-CD durch: Das Baby. Ich dachte, es ginge um die Zeit mit dem Baby und ließ ihn gewähren. Ich konnte doch nicht wissen, dass dies eine Stufe weiter gehen würde.

Im Babybuch war ich über die interessante Seite gestolpert, die einen Jungen zeigte, der ein Puzzle in der Hand hielt. Die Buchklappe mit der abgebildeten Tür war noch verschlossen und der Text lautete: *Jetzt möchten Papa und Mama nicht mit dir puzzeln.* Dann öffnet man die Klappe und Mama und Papa lagen nackt aufeinander, ineinander verschlungen.

Jojo wurde rot, als ich ihm die Seite zeigte. »Hast du uns auch schon mal so gesehen?«

»Nein, schwor er mir.« Puh, Glück gehabt dachte ich nur.

So glaubte ich das Schlimmste hinter mir zu haben, als Jojo beschloss mit seiner Cousine die neue Baby-CD am Abendbrottisch fertigzuhören. Nichtsahnend, was uns gleich erwarten würde, aßen wir entspannt und lauschten, bis ich mich beinahe verschluckte. Rotzfrech antwortete das Hörspielmädchen, dass sie sehr wohl wüsste, wie ihre kleine Schwester entstanden war. Mama und Papa hätten miteinander geschlafen, dabei hätte der Papa aus seinem Penis seinen Samen geschleudert in die Scheide der Mama.

Wir Eltern schluckten und bekamen bei den weiter folgenden Wörtern wie »äußere Schamlippen« und »Samenerguss« langsam rote Ohren. Überhaupt: Was war das für eine

Geschichte, die da erzählt wurde? Die Geburt fand gemütlich bei den Protagonisten zu Hause statt. Die Hebamme flüsterte: »Jetzt geht es gleich los.« Die Frau, die entband, stöhnte nicht groß herum, im Gegenteil, sie klärte den Hörer munter während der Wehen darüber auf, dass dies schließlich nicht ihre erste Geburt wäre. Der große Sohn war schon ein Teenager mit Freundin. Die Tochter acht Jahre alt, die nebenbei noch schnell einen Geburtstagskuchen für das Baby backte. Das an sich war ja eine niedliche Idee, ohne den Umstand, dass ihre Mutter nebenan im Wohnzimmer gerade ihre kleine Schwester entband.

Das fand ich dann doch zu weit hergeholt. Und das anschließende Nabelschnur-Durchschneiden, als wäre es eine happy Familienaktion, wo jeder mal mitmachen darf, ging mir schlichtweg zu nah. Ich bin nicht prüde und denke, dass es wichtig ist, dass Kinder aufgeklärt werden, aber dann bitte in meinem Tempo und zu meinen Bedingungen und nicht durch ein Hörspiel. Und das blieb nicht ohne Folgen.

Gestern am Abendbrottisch, also Wochen später. Ich erklärte Jojo, warum manche Babys per Kaiserschnitt auf die Welt kämen und sagte, dass Ihnen das Fruchtwasser ausging und damit ihr Trinken knapp werden würde. Da erwiderte Jojo trocken: »Na da müssen die Babys Pipi machen und dann haben sie wieder Fruchtwasser.«

Wir sahen ihn fragend an. Vor allem der beste Ehemann von allen.

»Weißt du das nicht, Papa. Na, da musst du wohl auch mal die Baby-CD hören.«

Erst stockten wir und dann mussten wir alle drei herzlich lachen. Nur um sicherzugehen, ob er gerade einen richtig guten Witz gemacht hätte, wiederholte Jojo seinen Spruch noch mal. Dabei merkte er aber schnell, dass ein Witz tatsächlich nur einmal gut ist und danach seine Wirkung verliert.

Ich hoffe, sie achten von nun an akribischer als ich darauf, was ihr Kind da wirklich gerade hört, ganz allein in seinem Zimmer.

Juten Morgen

Neulich fiel mir auf, wie sehr der Jutebeutel im Kommen ist. Und ich freue mich darüber, schont er doch die Umwelt.

Haben Sie heute schon gelacht? Dann rate ich dringend Jutebeutelsprüche zu lesen:

Heute schon Hirn getragen?

Ja, in dieser Tasche befindet sich ein Messer, eine Granate, eine Bombe, noch Fragen.

Ich mach irgendwas mit Medien.

Berlin, schliep disch, alter ischwöre.

Hot Blonde Sexy Single (also fucking difficult)
Sucht und Ordnung.

Du hast Angst vorm Hermann Platz

Currywurst – das Steak des kleinen Mannes.

Für Einhornfans, die es zuhauf gibt:

Schluckt meinen Sternenstaub.

Für Berliner:

Das kannste schon so machen, aber dann isses halt kacke.

Berlin ist überbewertet.

Bitte nicht schubsen, ich habe einen Joghurt im Rucksack.

Verrückt? Ich. Nee das hätten mir die Stimmen schon gesagt.

Also ich würde mir sofort kaufen:

Heute ist ein guter Tag zum Tanzen!!!!!

Tanze im Regen und stell dir vor es ist Konfetti.

Auch Platz da, ich suche den Weg ins Wunderland finde ich super.

Oder *Eine Leggings ist keine Hose.*

Oder *Lieblingsmensch* und ihn dann verschenken.

Die Sprüche sind superkreativ und witzig und ich merke, ich hätte nicht übel Lust mir auch solche auszudenken. Das Warten auf Bus und U-Bahn wird mir, seit es diese neuen Jutebeutel gib, doch sehr versüßt.

Ich freue mich immer einen Aufdruck zu entdecken, den ich vorher nicht kannte. Und ja es sieht bestimmt bescheuert aus, wie ich mich dann immer so hinstelle, dass ich besser lesen kann, was da drauf steht. Manchmal tue ich so, als würde ich mir den Schuh zubinden. Sogar mein Bruder hat jetzt einen solchen Beutel, allerdings ein Werbeartikel vom *Daughter*-Konzert. Bedruckt mit hängenden traurigen Geistern, die aussehen wie lauter unglückliche Spermienfäden.

Ich war ja für »I Feel Numb in this Kingdom«, aber er sagte, es sei ein Geburtstagsgeschenk für seine Freundin und die stehe auf solche Kunst. Leider kam sie dann nicht wie erhofft nach Berlin und jetzt trägt er einen fünfzehn Euro teuren schwarzen, mit merkwürdiger Kunst bedruckten Jutebeutel zum Einkaufen spazieren.

Auch das ist neu: Mann trägt jetzt Beutel.

Ich frage mich, ob es zu Jojos Teenagerzeit dann auch noch in sein wird, so was durch die Gegend zu tragen …

Und was bei ihm dann wohl darauf stehen wird …

Heute bin ich gut drauf, setz mir nen Hut auf

Ist ihnen auch schon aufgefallen, was es für hässliche Kindermützen gibt? Und ich glaube nicht, dass sich die Kinder diese Modelle selbst auswählen. Bestimmt nicht die Eisbärmützen mit den Ohren und schon gar nicht Jungs in der Vorpubertät. Das kann mir doch keiner erzählen. Schuld sind immer Freunde der Familie oder die Eltern selbst, die diese Mütze so niedlich, so witzig oder so schön fanden.

Das Kind selbst wird meist nicht gefragt, jedenfalls ist das die einzige Erklärung für mich, warum ich neulich zwei ca. siebenjährige Jungen, Zwillinge, mit einem Ungetüm gesehen habe, das das Prädikat »besonders hässlich« verdient hätte.

Auf den beiden Köpfen prangte ein schauriges Gesicht, dessen Augen mich von der Stirn aus giftig anfunkeln.

Und trotz des Grusels, den ich empfand, wirkte dieses Exemplar geradezu lächerlich. Der müde desinteressierte Blick der beiden Jungs trug sein Übriges dazu bei.

Was hat sich die Mutter gedacht dabei, die beiden mit dieser Kopfbedeckung zu schmücken. Das war wieder so ein Beispiel für: »Haha, damit seht ihr so witzig aus!«

Man müsste diese Mode verbieten, alles was angeblich so niedlich und witzig auf Kinderköpfen aussieht, müsste man einfach verbieten. Schon allein, um die Würde der Kinder zu schützen. Stellen Sie sich vor, sie wären sechs Jahre alt und jemand würde sich darüber amüsieren, was er ihnen für Kopfmode gekauft hat, und sie sollen es im Winter auch noch täglich spazieren tragen ... Ich würde toben: »Das kannst du allein anziehen«. Auch wenn ich dann mit kalten Ohren leben müsste, weil meine Mutter sich weigerte, eine neue Mütze zu kaufen. Jojo trägt seitdem nur noch Mützenschals. Gut ich gebe zu, sehr viel modischer sehen sie auch nicht aus. Eher so, als plante man jeden Moment, jemanden auszurauben und das Ding als Maske zu benutzen oder demnächst dem Islam beizutreten.

Aber zumindest gibt es sie nicht in niedlich oder witzig. Das ist schon mal ein großer Vorteil daran.

Und wenn Sie das nächste Mal über den Flohmarkt schlendern, eine ganz entzückende Kopfbedeckung für das Baby ihrer Freundin sehen, fragen Sie sich, wie würden Sie sich fühlen, so als Teddy oder Biene Maya verkleidet, obwohl gar kein Karneval ist. Wenn die Antwort lautet »gut«, dann zögern sie nicht das Modell mitzunehmen. Aber vergessen sie nicht es anzupreisen mit: »Ach er wird so witzig darin aussehen.«

Erstens kommt es anders …

Eine Tochter zu bekommen, ist in etwa so, als wäre ich noch mal kurz bei einem Marathonlauf angetreten. Es ist für mich in etwa die gleiche Herausforderung und ich hätte nie gedacht, dass mir so ein Glück noch einmal widerfahren würde. Sie erinnern sich vielleicht, ich dachte nicht, dass ich überhaupt schwanger werden würde und dann das.

Jojo war zu diesem Zeitpunkt sechs Jahre alt. Ich hatte einen positiven Schwangerschaftstest in der Hand und das, nachdem mir ständig schwindelig gewesen war. Das war sehr witzig, wenn man bedenkt, dass ich unmittelbar davor wegen meiner Schwindelanfälle beim Arzt gewesen war, der bei mir eine Blasenentzündung diagnostiziert und mir Antibiotika verschrieben hatte. Ich rief meine Ärztin an und musste auf das Ergebnis warten …

Währenddessen fuhren wir in den Urlaub nach Dänemark, wo ich die »Männer« ständig damit auf Trab hielt, dass ich jetzt sofort etwas essen müsse, weil mir sonst flau würde.

Nach dem Urlaub bekam ich endlich Gewissheit. Ja, ich war schwanger, allerdings nicht wie von mir vermutet in der achten Woche. Nein, ich war bereits im vierten Monat angekommen. Im Nachhinein machte das durchaus Sinn, denn meine Kleidung für den Urlaub passte schon nicht mehr. Kein: »Warten Se ab«, sondern: »Hier ist ihr Mutterpass.«

Und na ja, was sollte ich sagen? Die ganze Zeit hatte ich das Gefühl, dass ich da ein richtiges Energiebündel auf die Welt bringen würde und ich sollte recht behalten.

Mucki, so wurde sie liebevoll von ihrem Bruder genannt, war schneller, als ich hinterherkommen konnte. Alles machte sie scheinbar im Schnelldurchlauf, sich bewegen, zur Toilette gehen, sprechen, lernen, leider auch schlafen und essen. Selbst ihre Haare wuchsen schneller, als ich sie abschneiden könnte.

Während ich diese Zeilen schreibe – als Anhangskapitel, das ja so niemals geplant war – ist sie schon zweieinhalb Jahre und zeigt mir gern auf, was ich am Tag so alles von mir gebe.

Mama, sag mal

Neulich saßen wir im Bett und sahen uns ein Bilderbuch an, mit dem man Wörter lernen kann. Ich fragte sie wie immer, wer oder was da zu sehen sei, und sie antwortete brav wie ein Vogel. Plötzlich sah sie mich mit durchdringendem Blick an und sagte: »Mama, sag mal Vogel.« Sie wartete kurz ab, dann sagte ich Vogel. Innerlich musste ich grinsen, aber sie war noch nicht fertig. »Gut, Mama, das ist eine Rakete. Sag mal Rakete.« Ich verkniff mir ein Lachen und sagte: »Rakete.«

Ich wusste nicht, ob ich wirklich so mit ihr im Alltag redete, und das brachte mich zum Nachdenken darüber, dass ich vielleicht wieder besser auf meine Worte achten müsse.

Nicht, dass sie nicht schon Schimpfwörter wie Schei... oder so gehört hätte, immerhin war ihr Bruder in der Vorpubertät, da blieb so was in einem Dramaanfall leider nicht aus.

Aber, dass sie sich so genau gemerkt hatte, was ich sagte, das zeigte sie mir danach wieder einmal ganz deutlich. Ich ermutige sie immer mit: »Du schaffst das.« Das machte sie dann auch einmal. Sie tat, als müsse ich einen Löffel Medizin nehmen und munterte mich auf, während sie mir den Löffel schon an die Lippen hielt mit: »Mama, du schaffst das schon!!!« Sehr nett eigentlich und motivierend. Aber ein bisschen weniger Freude hätte sie dabei schon haben können, mir den Löffel so in den Mund schieben zu wollen.

Was mich zu der Ansicht brachte, dass ich vielleicht beim nächsten Mal Verständnis dafür haben sollte, wenn sie nicht gleich in der Frühe ihre Vitamine mit einem Löffel hineingeschoben bekommen möchte, auch nicht hübsch verziert mit einem Gummibären obendrauf, auch nicht, wenn ich lächle und sie mit einem: »Du schaffst das«, überreden möchte.

Lila Wolken *oder* Was alles noch so lila ist
»Mama, kaufst du mir einen lila Kran?« Ich dachte der Vorteil daran, dass man bereits schon ein Kind im Schulalter hat, wäre, dass das kleine Geschwisterchen die gleichen Spielsachen benutzen könnte.

Mir war es gendermäßig total egal, ob sie nun mit den Autos ihres Bruders spielen würde oder mit seiner Bauarbeiterausrüstung. Tatsächlich aber hatte ich ein Mädchen bekommen, das ziemlich genau wusste, was es so zum Spielen brauchte. Ich kann mich noch gut daran erinnern, dass ich vor der Geburt zu meinem Mann gesagt habe: »Wie gut, dass sie einen großen Bruder hat, dann wird sie wenigstens nicht von mir erwarten, dass ich ihr Superfrisuren mache und ihr immer schicke Tutus kaufe.« Wie ich mich doch irren sollte. Mucki wusste genau, dass sie ein Mädchen war – eine Prinzessin, die sehr wohl ihr Elsa-Kostüm mit Hello-Kitty-Gummistiefeln und rosa Jacke und lila Wollleggings anziehen wollte. Wenn ich ihr Schuhe kaufte, dann musste entweder eine Katze darauf abgebildet sein oder sie waren zumindest lila oder pink.

Bei der Mützenauswahl war sie doch etwas entspannter, bis sie die mit einer Prinzessin entdeckte. Disney-Prinzessinnen-Laufrad, Minnie-Maus-Helm. Ich musste mir eingestehen, dass es mich auch erwischt hatte.

Ich mochte Pink ja auch, wirklich, aber die Prinzessin steckte nicht gerade in mir. Eher eine ungeschickte Pippi Langstrumpf. Ich war als Kind immer draußen und es war mir bis in die Pubertät egal, ob meine Hosen kaputt oder schmutzig waren. Ich hatte eine kurze Igelfrisur, weil meine Mama die so praktisch fand, besonders in der Läusehochsaison. An Tutus, pinke Gummistiefel oder Ähnliches kann ich mich nicht erinnern. Das höchste waren Barbies und auch die kamen viel später. Ich hatte auch keine echte Puppenphase. Kurzum ich kann nicht wirklich nachvollziehen, was ich dabei verpasst haben sollte. Klar, insgeheim wünscht sich jedes kleine Mädchen ja mal eine Teeparty zu machen und darauf habe ich mich auch gefreut. Aber ich habe alle meine Freundinnen nicht gerade beneidet darum, als bei ihnen Anna und Elsa aus der »Eiskönigin« eingezogen sind und scheinbar nicht mehr gingen. Vor allem nicht, als mir eine von ihnen erzählte, dass der Erzieher ihrer Tochter sich zum Fasching wahrscheinlich am liebsten selbst als Elsa verkleidet hätte und sie die Lieder zuerst nur aus der Kita kannte. Selbst die wirklich gelungene Darbietung der Tochter meiner besten Freundin von *Ich lass los* – regelrecht detailgetreu mit langen blauen Handschuhen, Mikrofon, CD-Player, Hochbettbühne und passendem gequälten Gesichtsausdruck an der richtigen Stelle im Lied, wo es heißt: ... *die Kälte, sie ist nun ein Teil von mir*, konnte mich nicht von ihrer Wichtigkeit überzeugen.

Da war mir »Feuerwehrmann Sam« oder »Bob der Baumeister« lieber, die sangen wenigstens nicht, sondern gaben noch gute pädagogische Tipps zu Brandschutz und Heimwerken. Nun haben wir aber den Soundtrack von der Eiskönigin geschenkt bekommen und ausgerechnet mein Mann hat diese unscheinbare CD in einer durchsichtigen Papierhülle gefunden und hier im Haus zum Leben erweckt, vor Mucki, indem er den Song von *Arendelle liegt tief im Schnee* aus vollem Hals mitsang – ganz abgesehen von seiner Interpretation von *Ich lass los* – oder auch *Let It Go*. Plötzlich hörte ich jeden Morgen, wenn er mit Mucki aufstand, aus dem Zimmer *Let It Go*. Und sobald Mucki sprechen und singen konnte, auch aus ihrem Munde – rauf und runter.

Nicht zu vergessen, dass ja der zweite Teil herauskam und damit der Song: *Wo noch niemand war*. Der Titel ist ja rein grammatikalisch falsch, da es eigentlich heißen müsste: »Es zieht mich dahin, wo noch niemand war«, und nicht: »Es zieht mich, wo noch niemand war.« Reine Autogesangswettbewerbe fanden da statt, wenn Vater und Tochter um die Wette jaulten »AAAAAHHHaaahha … wo noch niemand waaaaaaaaaar!!!!« Und auch während ich hier schreibe, erklingen wieder die Melodien von Arendelle …

Von der Eiskönigin mal abgesehen, hatte Mucki klare Vorstellungen davon, dass ihre Duploprinzessin als Baggerfahrerin agieren sollte und sie sich zum Geburtstag einen lila Kran wünschte. Na wenigstens war sie dabei noch emanzipiert. Mal abgesehen von der Tatsache, dass es das wahrscheinlich nicht auf ihren Geburtstagstisch schaffen würde.

Shame, Shame, Shame …
Geht es Ihnen auch so, dass sich ihr Kind zu Hause komplett anders verhält als in der Kita?

Als Mucki mit zwei Jahren in die Kita kam, vermutete ich, dass es Anrufe hageln würde wie: »Ihre Tochter hat schon wieder gehauen, gebissen oder gekratzt.«

Das alles durfte nämlich ihr Bruder schon ziemlich früh spüren, wenn er etwas hatte, was sie wollte. Innerlich war ich ja froh, dass sie die Fähigkeit besaß sich durchzusetzen, aber trotzdem blieb da eine gewisse Unruhe, beim Gedanken daran, dass sie vormittags täglich fremdbetreut werden sollte und mit anderen Kindern zusammen sein würde.

Doch es kam alles ganz anders. Sie war zu Hause schon sauber und konnte ohne Windel laufen, doch in der Kita sagte sie nicht Bescheid.

Also entschieden wir ihr erst mal Zeit zu geben und mit Windel herumzulaufen bis zum Sommer. Leider sagte sie da immer noch nicht Bescheid, überhaupt war sie sehr schüchtern in der Einrichtung und sprach nur das Nötigste, während sie uns zu Hause ganze Romane erzählte. Erst dachte ich mir nichts dabei, erinnerte ich mich doch an das erste Entwicklungsgespräch, das ich damals wegen ihres Bruders hatte: »Er spricht einfach nicht. Seit drei Monaten sagt er kein Wort. Wir wissen, dass er es kann, aber er tut es nicht.«

Ich dachte innerlich schon an selektiven Mutismus, meine Cousine schrieb gerade ihre Facharbeit darüber und ich war sehr besorgt – bis die Erzieherin nach einer Woche meinte: »Der Durchbruch ist da, er hat ›Ja‹ gesagt.« Ich dachte nur: Super – dann sagt er hoffentlich nach einem halben Jahr mal Nein …

Mir kam das also alles sehr vertraut vor. Trotzdem war es irgendwie unangenehm, denn es wurden immer mehr Stimmen laut, sie würde nicht von alleine sprechen und schon gar nicht würde sie Bescheid sagen. Ich kann nicht sagen, was

Ihnen dabei durch den Kopf geht, wenn Sie so etwas hören, aber ich fing blöderweise an mich zu schämen. Und leider bekamen das auch andere mit. Dadurch, dass wir wegen Corona unsere Kinder an der Tür abgeben und abholen mussten, sah jetzt jeder, der hinter einem stand, ob man einen »Pipibeutel/Kackabeutel mitbekam oder nicht. Es war ein bisschen wie bei *Germany's Next Topmodel*: »Für dich habe ich heute leider kein Foto«, in dem Fall: »Für dich habe ich heute leider kein: Es ist alles gut gegangen.« Richtig unangenehm wurde es, wenn der Beutel von Mucki dann noch kommentiert wurde: »Das war eine Riesenwurst Mama.« Und dann die mitleidigen Blicke der Eltern, die aber innerlich garantiert darüber erleichtert waren, dass ihr Kind »sauber« geblieben war. Ach was waren das noch für schöne Zeiten, wo die Erzieherin den Beutel kommentarlos an die Garderobe gehangen hatte und man ihn schnurstracks heimlich in der Tasche verschwinden lassen konnte, ohne Zuschauer, ohne Worte. Als ich es endlich geschafft hatte mich mit einer Mutter am Spielplatz zu verabreden und wir beide unsere Kinder abholten, kam der Supergau: zwei Beutel, allerdings ohne Kommentar.

Ich steckte sie wortlos ein, versuchte ein gequältes »Kann passieren, Mäuschen« zu Mucki vor der anderen Mutter, innerlich im Boden versinkend und bekam dann plötzlich Beistand von ihr, indem sie sagte: »Ja manchmal ist das bei unserem Jungen auch so.« Und da wurde mir plötzlich klar, dass ich gar keinen Grund hatte, mich zu schämen: Kindern kann das nun mal passieren, aber ich hatte ja nicht aus Versehen in die Hose gekackt, es war ja nicht mir passiert.

Und wofür eigentlich schämen? Dass meine Mucki nicht perfekt war? Wie gut, dass diese Mutter für mich die richtigen Worte hatte zur richtigen Zeit. Wie gut wäre es, wenn wir nicht alle heimlich im Wettbewerb stünden, wer von uns nun die wahre, die perfekte Mutter ist, wenn wir uns gegenseitig mehr unterstützen würden in unserer Unvollkommenheit.

Eben nicht: »Die hat die Mütze vergessen, mir würde so etwas nie passieren«, sondern: »Hey, dann leih ich ihr eine, ich habe zwei da für meine Tochter.«

Es war mir immer so peinlich etwas vergessen zu haben, aber ich habe beschlossen, damit ist jetzt Schluss. Ich hoffe, dass ich es länger als eine Woche durchhalte, mich mal wieder wegen irgendwas, was meine Kinder betrifft zu schämen, ich hoffe sehr, Sie auch.

Corona, Corona, Corona

Falls ich es vergessen habe zu erwähnen. Ich schreibe dieses Buch während einer völlig ungewöhnlichen Zeit. Um uns herum wütet eine Pandemie. Das Corona-Virus verbreitet sich in Windeseile.

Ein Virus, das über das Umarmen, Küssen, Husten, Niesen, Händeschütteln verbreitet wird. Also kurzum über all das, was körperliche Nähe ausmacht. Er ist ein wahrer Beziehungstöter. Man darf sich nur noch eingeschränkt treffen und das absolut Fiese ist, dass es unsichtbar ist, und man es auch haben kann, wenn man es nicht spürt.

Es macht überhaupt eine Menge fiese Dinge mit einem, ich will hier aber nicht ins Detail gehen. Ich bin mir nur sicher, dass unsere Kinder später in zwei Zeitaltern rechnen werden: die Zeit vor Corona und die Zeit nach Corona. Denn auch ihr Leben wird auf den Kopf gestellt. Sie dürfen sich nicht frei bewegen in Räumen, erfrieren fast im Winter, weil ständig gelüftet werden muss, müssen eine Nasen-Mund-Maske tragen und dürfen ihren Geburtstag nicht mehr feiern.

Ich bin ja dafür, dass wir aus Rücksicht aufeinander so viel Einschränkungen auf uns nehmen, aber so eine Maske tragen zu müssen, ist wirklich gewöhnungsbedürftig und bringt auch erhebliche Kommunikationsschwierigkeiten mit sich. Doch wirklich. Nicht nur, dass sie mir beim Sprechen dauernd verrutscht, ich vergesse manchmal auch, dass ich eine aufhabe. So ist es mir erst neulich zweimal passiert, dass ich mich sehr gewundert habe über das Unverständnis meiner Mitmenschen.

Zum einen musste ich meinen Ausweis in der Paketabholstelle vorweisen, ich zeigte also brav meinen Ausweis und verstand nicht, warum ich solange inspiziert wurde, bis ich kapiert hatte, dass ich ja eine Maske trug und deshalb mein Gesicht gar nicht zu erkennen gewesen war. Wir lachten beide in unsere Masken, der Angestellte und ich und gingen kontaktlos unseres Weges.

Zum anderen versuchte ich meinen Chef durchs geschlossene Fenster anzudeuten, er möge mir bitte die Hoftür öffnen, er begriff nicht, was ich von ihm wollte. Mist dachte ich, er kann keine Lippen lesen, bis mir einfiel, dass ich meine Maske trug und er meine Lippen gar nicht gesehen haben konnte …

Also gar nicht so einfach. Ein Freund der Familie sagte gestern zu mir: Halt mal die Luft an – ich gehorchte – wollte aber schon protestieren, was ihm einfiel – da bekam ich eine Umarmung. So kann man sich kurz umarmen, sagte er. Jetzt erst begriff ich, dass er mich gar nicht rüde unterbrochen hatte, sondern nur kurz mal richtig »Hallo, schön, dass wir uns nach langer Zeit wiedersehen« ausdrücken wollte.

Auf meiner Arbeit ist es mir auch schon passiert, dass ich einen Vater nicht erkannt habe. Die Leute sehen mit Maske alle gleich aus.

Das haben sich wohl auch ein paar Modedesigner gedacht und hier auch noch ein stylishes Accessoire draus gemacht. Edel aber schlicht für den Herrn oder die Dame im Büro, für den Biker oder die Tattoo-Queen eins mit Tribals und Totenköpfen. Würde mich nicht wundern, wenn die Geissens bald auch damit eine neue Kollektion herausbringen – um noch reicher zu werden – nur, was machen die dann damit, wenn das Virus nicht mehr da ist???

Ich geb da die Hoffnung nicht einfach auf.

Orange-Rhino-Challenge ... Let's go

Tataa! – ich hatte sie endlich angefangen – die Orange-Rhino-Challenge!

Was das bedeutet? Nun, ich wollte weniger schreien und liebevoller im Umgang mit meinen Kindern werden. Also aus dem grauen Nashorn, das aggressiv wird, wenn man es reizt, sollte eins werden, das sanftmütig und geduldig war.

Entdeckt hatte ich die Challenge, als ich mal wieder auf der Suche nach einem neuen entspannten Erziehungsratgeber war. Ich hatte im Vorfeld schon einige Bücher zum Thema »Liebe und Respekt« gelesen – unter anderem waren auch christliche Bücher darunter. Sie waren gut, aber ich suchte etwas Praktischeres. Etwas, was mein Denken und Handeln positiv verändern könnte. Ich suchte die Herausforderung und fand dieses Buch. Geschrieben von einer Frau, die etwas in ihrer Erziehung grundlegend verändern wollte, die ihre

Kinder nicht mehr anschreien wollte und sich ein Ziel von einem Jahr setzte. Sie schrieb in einem Blog darüber und es wurde eine Bewegung daraus. Überall konnte man fortan orange Gegenstände in den Haushalten entdecken, die einen daran erinnern sollten, was man sich vorgenommen hatte, weil sie dies getan hatte. Das wollte ich auch. Ich redete mit meiner Familie darüber und sie waren sehr angetan davon. Es ging ja schließlich darum, dass sie in Zukunft meine Gereiztheit weniger ertragen mussten.

Wenn man allerdings tatsächlich damit anfängt sich damit auseinanderzusetzen, kann es an manchen Stellen wehtun.

Es gibt ein Kapitel über Trigger – Auslöser für unsere Gereiztheit und unser Schreien. O Mann, was habe ich da bloß alles herausgefunden über mich. Vor allem eins: Ich muss viel entspannter werden. Und wo ist bloß meine Lockerheit hin und wie bekomm ich sie zurück? Ein gemeiner Auslöser ist mein Mann, der eben genauso entspannt erzieht, wie ich es mir von mir selbst wünsche. Leider sagt der kleine Erziehungsratgeber in meinem Kopf immer, dass aber Erziehung auch Grenzen setzen und Ermahnung beinhaltet.

Und dass ich wohl oder übel diesen Part in der Familie übernehmen muss – den des bad cops eben. Ich habe es jahrelang so gemacht und hingenommen, dass ich mal wieder die blödeste Mutter der Welt war, die immer alles verbieten musste.

Durch dieses Buch ist mir aber klar geworden, dass ich auch einmal tauschen kann mit meinem Mann, dass es uns guttun würde, wenn sich der Part mal ändert. So könnte ich die Dinge etwas entspannter angehen und er etwas strenger werden. Nur ein kleines bisschen für jeden von uns. Das könnte funktionieren und Liebe und Respekt an der richtigen Stelle einbringen. Das ist nur eines von vielen Aha-

Erlebnissen, das ich hatte. Das neueste Kapitel handelt davon, die Perspektive zu verändern und Wörter wie »wenigstens« in den Alltag miteinzubauen. So zum Beispiel: Mucki hat gerade den ganzen Reis ausgekippt – hmm, wenigstens war er nicht noch klebrig.

Und dann bin ich heute nach einer Woche wieder etwas laut geworden – habe mich aber gleich gefragt, ob ich nun geschrien hätte oder nicht. Mucki wollte etwas haben, das mir gehörte. Ich hatte es verboten, leider lag es auf unserem Esstisch ganz hinten und sie versuchte verzweifelt da heranzukommen, dabei scheute sie auch nicht davor zurück, den Frischkäse aus dem Weg zu räumen, der auf dem Boden landete: Ich schrie: »Mucki!« Und sofort erinnerte ich mich an meine neue Aufgabe nicht zu schreien. Okay, heute hab ich es nicht ganz geschafft, aber wenigstens ist es mir selbst aufgefallen und ich habe nicht unnötig weitergebrüllt.

Stattdessen hab ich einen Tipp aus dem Buch befolgt: Einen warmen Waschlappen aufs Gesicht legen, wenn es brenzlig wird und ihr Nervenkostüm zu dünn ist – angeblich könne man sich damit wie bei einer Wellnessbehandlung fühlen und sich den Stress abwaschen. Bei mir hat es erstaunlicherweise funktioniert – ich habe mich gleich viel ruhiger gefühlt dabei. Probieren Sie das doch auch mal, wenn die Kinder mal wieder an ihren Nerven zerren.

Ich kann es nur empfehlen – wie Kurzurlaub vom Alltagsstress. Ich hoffe sehr, dass ich es schaffen werde. Als ich übrigens meinen Sohn fragte, wie lange ich das wohl schaffen würde, antwortete er: »Eine Woche – erst mal als kleines Ziel, Mama.«

Frechheit so was.

Ich schaffe mindestens zwei ... vielleicht.

Mother and Son

Als Mutter eines beinahe neunjährigen Jungen weiß ich oft überhaupt nicht, was er gerade braucht und was nicht und ich bin mir ziemlich sicher, dass ich fast immer daneben liege, mit dem was ich tue oder sage. So zum Beispiel geschehen, als er von der Schule kam, sich auf den Boden fallen ließ und anfing: »Ich werde nicht mehr zur Schule gehen, ich werde einfach nicht drangenommen. Alle dürfen rechnen, nur ich nicht. Das ist so unfair!«

Ich kapierte eigentlich nicht, was er mir damit sagen wollte, wollte ihn aber trösten und meinte: »Nun erzähl doch mal der Reihe nach.«

Und Jojo legte los: »Also in der Klasse läuft gerade eine Challenge – wir sollen uns gegenseitig herausfordern mit selbst ausgedachten Rechenaufgaben und ich werde einfach nie rangenommen, nicht mal von meinen Freunden, dann brauche ich auch gar nicht mehr zur Schule.«

Ich versuchte an der Stelle einzuhaken und sagte ihm, dass er doch die letzten Wettbewerbe immer sehr weit vorn war und Einsen bekommen habe und dass die Lehrerin ihn vielleicht deshalb nicht mehr drannahm. Sofort fing er an zu toben: »Ich wusste doch gleich, dass du das nicht verstehst. Ich geh jetzt in mein Zimmer und komme nie wieder heraus!«

Er fing auf seinem Bett fürchterlich an zu weinen und dann war ich hin- und hergerissen – einerseits bekommt er nämlich immer vom Weinen Schnupfen und das wollte ich angesichts der angespannten Coronalage dringend vermeiden, andererseits sag ich ihm auch immer, er solle alles herauslassen. Was also tun? Ich entschied mich dafür ihm zu sagen, dass er jetzt mit dem Weinen aufhören solle, sonst würde er Schnupfen bekommen und nicht zum Geburtstag seines

Freundes gehen können. Eigentlich zieht das immer – aber dieses Mal nicht. Er fing an nur noch mehr zu schluchzen, dass er ja dann eben nicht zum Geburtstag gehen würde und dass ihm das mal so was von egal wäre. Er hätte Schwimmen gehabt und wolle jetzt nur noch ins Bett. Sicherheitshalber maß ich schnell mal Fieber bei ihm, was ihn noch mehr aufregte. Ich wollte nur verantwortungsvoll sein und dafür sorgen, dass ich auch nichts übersah. Ich kam zu dem Schluss, dass er dann jetzt lieber doch seine Ruhe bräuchte, nachdem er mich angeschrien hatte: »Du bist die schlechteste Mutter der Welt – nie interessiert dich, wie es mir geht.«

Langsam ging ich ins Wohnzimmer und setzte mich kurz aufs Sofa. Sein Vater und seine Schwester würden jeden Moment zur Tür hereinkommen und ich hatte wenig Lust darauf, ihnen erklären zu müssen, dass wir uns wieder einmal gestritten hatten. Eigentlich ja nur Jojo mit mir – aber immerhin herrschte nun wieder ziemlich dicke Luft in unserem Haus.

Ich saß da und machte mir darüber Gedanken, dass ich wieder völlig falsch mit der Situation umgegangen war. Was sich für mich nicht wie ein Drama anhörte, war für Jojo eins und ich hatte die ganze Zeit nur darauf geachtet, dass er vom vielen Heulen ja kein Schnupfen bekam. Weil – ja, warum eigentlich? Weil das bedeutet hätte, dass er zu Hause bleiben musste. War es schon so weit gekommen mit mir, dass ich ihm das Heulen deshalb verbot. War ich nicht immer eine Verfechterin davon gewesen, dass Tränen herausmussten und man sich danach besser fühlte und nun hatte ich meinem Jungen nicht mal das zugestanden, weil alle draußen in der Gesellschaft gerade durchdrehten, wenn man sich einmal die Nase putzen musste?? Ich musste mir endlich eingestehen, dass ich mich habe doch anstecken lassen von diesem ganzen

Wahnsinn, der angesichts der weltweiten Pandemie um uns herrschte. Und mein armer Sohn musste darunter leiden.

Also ging ich noch mal zu ihm und sah, dass er sich schon längst wieder beruhigt hatte, auf dem Boden saß und etwas aus Lego baute. Seine Art damit umzugehen. In der Zeit, wo ich mich innerlich verdammt und gedanklich im Kreis gedreht hatte, hatte er sich schon lange wieder gefangen. Ich freute und ärgerte mich zugleich. Was fiel ihm denn ein – erst ein solches Drama zu machen und dann wieder zu spielen, als wäre nichts gewesen. Wie viel besser hätte ich meine Zeit auf dem Sofa nutzen können, anstatt mich über mich selbst zu ärgern. Ich hätte ein lustiges Buch lesen können oder an meiner Challenge arbeiten, neue Musik entdecken oder an diesem Buch weiterschreiben. Kurzum alles wäre sinnvoller gewesen als diese bescheuerten Schuldgefühle, dass ich eben nicht richtig mit ihm in dieser Situation umgegangen war.

Als mein Mann wenig später mit unserer Tochter eintrudelte, saß ich wieder – immer noch etwas überfordert mit dem Ganzen – auf dem Sofa. Nun kennt mich mein Mann ziemlich gut und fragte gleich: »Na, was ist los?«

Ich versuchte ihm kurz die Geschehnisse zu erläutern und er erwiderte nur knapp: »Pubertierende Kinder …, ja, ja so sind sie. Ist doch gut, wenn es ihm wieder besser geht.«

Ja schon, aber was war mit mir? Ich hatte das noch gar nicht überwunden. Schließlich war er ja nicht als die schlechteste Mutter der Welt betitelt worden. Lachen sie ruhig, aber mit mir macht das was. Als ich noch so nachsann und mich verteidigen wollte, stand Jojo plötzlich im Raum. »Papa, schaust du dir mal an, was ich gebaut habe …«

Das konnte doch nicht wahr sein. Als wäre nichts gewesen schmiedeten die beiden jetzt seelenruhig in Jojos Zimmer neue Baupläne und ich stand nur daneben.

Als Mutter von Jojo ging es mir oft so, dass ich dann als Zuschauer daneben stand, einerseits sehr dankbar einen Mann wie meinen zu haben, andererseits jedoch auch schrecklich eifersüchtig, dass ich diese Dinge mit meinem Sohn nicht teilen konnte wie er.

Dann versuchte ich mich immer daran zu erinnern, was meine beste Freundin einmal zu mir gesagt hatte: »Zwischen Mutter und Sohn besteht ein unsichtbares Band.«

Ja sagte ich mir dann immer – wir teilen andere Dinge … vor allem den Titel der Dramaqueen im Haus …

Und jetzt, wo wir unsere Mucki mit im Haus hatten, fragte ich mich ernsthaft, ob es meinem Mann vielleicht auch einmal so gehen würde, wenn ich mit meiner Tochter eines Tages Beauty-Tipps austauschte und er ebenfalls nur danebenstehen konnte.

Es war eben doch gar nicht so einfach, das andere Geschlecht zu verstehen und dementsprechend zu erziehen.

Laterne, Laterne, Sonne, Mond und Sterne …
Alle Jahre wieder fand es in den Kitas und Altenheimen statt: das Laternenfest. Ich bin noch nie ein Fan davon gewesen. Erstens mochte ich nicht im Dunkeln herumrennen. Zweitens konnte ich nicht basteln und drittens hatte ich im Beruf schon zu viele Laternenfeste mitgemacht.

Am besten war das eine Mal, bei dem wir alle vorausgegangen waren und die Eltern uns nicht am Sammelort fanden, weil der völlig falsch kommuniziert wurde. So standen dann am Sammelplatz sechs Erzieher ohne Eltern, fünf Kinder ohne Eltern, zwei Polizisten, die das ganze begleiteten und warteten, was geschehen würde. Und als Mutter von einem Neunjährigen hat man auch schon das ein oder andere Mal eine Pleite erlebt. Der erste Laternenlauf mit zwei Jahren war für Jojo so aufregend, dass er schon nach der Hälfte der Strecke seine Laterne verlor, weil seine Hände gezittert hatten. Sie war leider etwas ramponiert und er weinte und schrie, als ich sie ihm wieder in die Hand drückte, übrigens eine sehr aufwendige Bastelarbeit seines Vaters – ein Plastikbecher, der so gestaltet war, dass er in der Mitte leuchten konnte und von außen mit lauter Krepppapier verziert war. Mein Mann liebte es zu basteln – ganz im Gegensatz zu mir – also war er auch derjenige gewesen, den ich losgeschickt hatte, mit einem akzeptablen Ergebnis nach Hause zu kommen. Eine Plastikbecherlaterne ist aber nun alles andere als stabil, wenn sie hinuntergefallen und jemand draufgetreten ist. So hatte sich ein kleiner Riss gebildet. Also schrie und weinte Jojo und ich setzte ihn in den Kinderwagen, trug brav seine Laterne und war froh, als ich nach Hause gehen konnte. Unnötig zu sagen, dass die anderen Laternenfeste recht ähnlich abgelaufen waren. Meine Freundin erzählte mir, dass sie beim Laternenfest in der Kita im Garten im Dunkeln immer ihre Kinder suchen musste und ganz aufgelöst war, wenn sie sie nicht fand. Also hatte sie ihnen beim nächsten Mal eine Warnweste angezogen. Leider fanden die Idee auch andere Eltern so gut, dass dann nur noch Kinder mit Warnwesten durch den Garten liefen und es wieder ziemlich schwierig war, seine eigenen Kinder zu finden.

Dieses Jahr war aber alles anders. Mucki hätte ihren ersten Laternenlauf mit St. Martinsfest gehabt. Aber dieses Jahr war es verboten in Gruppen auf der Straße zu laufen, ob mit oder ohne Abstand. Deshalb gab es auch kein Gruppenbasteln mit Eltern und Erziehern. Deshalb habe ich dieses Jahr mit Mucki ihre allererste Laterne gebastelt und gestaltet: Ich habe eine Milchtüte ausgewaschen, die Öffnung abgeschnitten, angemalt, Fenster hinein sägen lassen und Muster von meinem Mann, Seidenpapier reingeklebt, Drahthenkel dran und fertig.

Anschließend sind wir mit pinkem Laternenstab durch den Hof gelaufen, nur wir beide, haben schon mal geprobt für nächste Woche und ich wurde von Mucki mehr als überrascht, was sie schon alles für Laternenlieder in petto hatte.

Die Leute, die uns sahen, mussten lächeln, es war ja noch zu früh und überhaupt nicht dunkel genug, aber wir hatten Spaß. Ich hatte Spaß, das erste Mal seit einer Ewigkeit, dass mir einen Laternenlauf Spaß gemacht hatte. Warum das so war, habe ich mich gefragt. Wahrscheinlich lag es daran, dass ich mich dieses Mal nur auf mein Kind und nicht auf die anderen Eltern konzentrieren konnte – der Meinung war auch meine Freundin. Und genauso war es. Wir vergaßen mal für einen Augenblick die Masken und Umstände um uns herum und sangen und lachten und liefen mit der selbst gemachten Laterne einmal ums Haus. Und darum ging es doch an St. Martin, sich selbst zu vergessen, nicht alles so wichtig zu nehmen, zu teilen und jemandem ein Lächeln ins Gesicht zu zaubern.

Holiday!!!! Celebrate!

Ich hatte es getan. Ich hatte mich getraut Urlaub zu nehmen ohne meine Familie. Also ich bin nicht weggefahren oder so, aber ich habe einfach zu Hause gesessen und nix getan, während mein Mann arbeiten war und die Kinder in Schule oder Kita versorgt wurden.

Oh, wie war das angenehm und auch furchtbar anstrengend. Ich hatte seit gefühlt neun Jahren nicht wirklich frei für mich. Klar im Alltag schaffte ich mir ab und zu kleine Inseln, aber nicht sechs Stunden am Tag. Noch nie. Angenehm, weil ich mich noch mal aufs Ohr legen konnte. Anstrengend, weil ich auch produktiv sein wollte in der Zeit, endlich mal das machen, wozu ich sonst nicht kam. Aber womit sollte ich da bloß anfangen? Fernsehen, Bücher lesen, baden!!!! Am liebsten alles auf einmal. Irgendwie habe ich das geschafft. Ich habe gebadet, ich habe gelesen, ich habe meine Serie geschaut.

Und ich habe dabei immer versucht kein schlechtes Gewissen aufkommen zu lassen, weil meine kleine Tochter doch etwas verschnupft in diesem Zeitraum in der Kita saß, wo ich sie doch eigentlich hier bei mir hätte haben können. Ich beruhigte mich innerlich, während ich in der Badewanne saß und las, hoffend, dass kein Anruf kommen würde.

So krank war sie doch nicht gewesen, oder hatte ich vielleicht etwas übersehen?? Langsam wurde ich doch etwas unruhig und wollte schon mein Handy zücken, ob nicht doch eine Nachricht aus der Kita gekommen war, die ich übersehen hatte. Da sendete mir die Erzieherin ein kleines Foto, das meine Kleine beim vergnügten Puppenspiel zeigte. Ich bedankte mich brav, schrieb aber trotzdem noch einmal, dass ich, wenn sie denken würde, es wäre angemessen, Mucki doch die nächsten Tage bei mir zu Hause lassen würde. Leider schrieb sie zurück, dass Mucki ein kleines bisschen angeschlagen war, und dass es durchaus eine gute Option sein würde sie zu Hause zu lassen. Puh, okay. Das war also mein letzter Urlaubstag. Wenigstens den wollte ich nun aber noch genießen. Ich legte mir eine Tuchmaske auf. Gar nicht so einfach. Ich hatte versucht sie ohne Spiegel anzulegen. Das war ein großer Fehler gewesen. Sie saß überhaupt nicht an der richtigen Stelle. Da, wo die Öffnungen für die Augen waren, lag sie komplett falsch an und wirkte irgendwie schief. So war ich also doch gezwungen aus der Wanne zu steigen und mir das Desaster im Spiegel anzusehen. Oh, wie gruselig. Ich sah aus wie eine Mumie, die ein schiefes Gesicht hatte. Also noch einmal alles runternehmen und wieder richtig darauflegen. Schon viel besser. Ab in die Wanne mit mir. Es war nicht mehr lange Zeit, bis mein Sohn aus der Schule kommen würde. Die Wirkung der Maske entfaltete sich sofort, sobald ich mich in der Wanne zurücklehnte. Kaum war ich entspannt, klingelte mein Wecker, den ich mir vorsorglich gestellt hatte, um wenigstens, bevor ich Mittagessen machen musste, noch schnell eine Serie zu Ende zu schauen oder wenigstens noch eine Folge anzufangen. Ein Punkt auf meiner To-do-for-myself-Liste, den es noch abzuhaken galt. Abends würde ich mich um die Familien-To-do-Liste kümmern, denn der Geburtstag meines Großen stand vor der Tür.

Deshalb hatte ich ja auch eigentlich Urlaub genommen. Nämlich, um in Ruhe alles planen und vorbereiten zu können. Es klingelte, bevor meine Serie zu Ende war.

Aber wenigstens …, um wieder einmal dieses schöne Wörtchen einzubauen, wenigstens hatte ich mich ein wenig erholen können an zwei Tagen von fünf. Die nächsten Tage mit der Kleinen zu Hause waren entspannt und lustig. Es ist viel spaßiger schon früh auf dem Spielplatz herumzutollen, wenn noch kein anderer dabei ist. Mucki ließ mich irgendwann rutschen mit den Worten: »Du schaffst das schon.« Als ich rutschte, stand sie plötzlich vor mir, hielt die Arme auf: »Komm in meinen Schoß, bravo. Ich fang dich auf.« Ich musste vor Rührung einmal eine winzige Träne wegblinzeln. Sogar applaudiert hat sie im Nachgang, dass ich ganz allein gerutscht war. Ich machte dasselbe bei ihr und wir hatten viel Spaß mit »bravo«, und »ich fang dich auf«. Die vorübergehenden Leute sahen uns zu. Manche vielleicht innerlich verärgert, dass sie arbeiten gehen mussten. Andere besorgt, aus derselben Kita, ob das Kind vielleicht erkrankt zu Hause bleiben müsste. Es gab aber auch ein oder zwei ältere kleine Damen, die sich an dem Spiel erfreuten, das wir boten. Unter anderem saßen wir auf einem Drehkarussell und ich schob uns sehr langsam an, weil mir auf den Dingern grundsätzlich schlecht wird – Kotzschleudern nenne ich sie heimlich – da fing Mucki plötzlich zu singen an und ich hatte schlagartig so ein warmes Weihnachtsmarktgefühl, als wären wir auf einem echten Drehkarussell mit Musik. Das war wirklich schön und fühlte sich – ja – wie richtiger Urlaub an. Blöd von mir zu denken, dass es nur eine Form dafür gab. Irgendwann war es uns aber zu kalt und wir kuschelten uns drinnen zusammen mit einem heißen Apfelsaft auf die Couch und sahen »Bobo«.

Happy Birthday *oder* **Kindergeburtstag mal etwas anders**
Dieses Jahr war ein verrücktes Jahr und verlangte vor allem unseren Kindern eine Menge ab. Alles musste abgesagt werden. Sogar der eigene Kindergeburtstag, da keine großen Feiern mehr stattfinden durften. Da wir natürlich auch

vermeiden wollten, dass der Stress noch weiter ginge, hielten wir uns an die Regeln. Aber meine Güte – war es sowieso schon immer anstrengend gewesen, irgendwie alle Familienmitglieder, Omas, Opas, Tanten und Verwandte unter einen Hut zu bekommen, war es jetzt schier unmöglich.

Wir verabredeten uns mit meiner Familie (Mama, Papa, Bruder) zu einem Mini-Geburtstagskuchenessen und Geschenkübergabe. Alles musste logistisch geplant werden. Denn im Anschluss wartete nebenan, eine Straße weiter, die Familie meines Mannes ebenfalls darauf, eine Geschenkübergabe machen zu können, und eine kurze Gratulation sollte ebenfalls erfolgen. Seine Tante und unsere Nachbarn hatten schon den Weg auf sich genommen bis zur Tür.

Das ganze Spiel erinnerte mich irgendwie an Halloween. Wir liefen von Tür zu Tür, sammelten Geschenke ein, tauschten auf Abstand ein paar Nettigkeiten aus. So schön es auch gewesen war – alle zu sehen und mit ihnen zu »feiern«, so fertig war Jojo dann abends aber doch. Zu viele Eindrücke, zu viele Wege.

Es ging danach zudem mit den Gratulanten per Videochat weiter, bis ich ihn ins Bett lotste. Er hatte ja immerhin auch noch Schule am nächsten Tag. Einen Tag später erwarteten wir die Tante und den Onkel die Cousine mit Freund. Es war sehr schön und lustig und einigermaßen entspannt. Im Anschluss wartete der beste Freund von Jojo schon, um mit ihm einen Geburtstagsfilmabend zu begehen. Wir hielten uns komplett an die Regeln. Immer nur ein Freund pro Tag. Um ehrlich zu sein, so entspannt habe ich noch nie einen Kindergeburtstag begangen. Film an, Brötchen und Würstchen fertigmachen, und ab in die Küche, um alles vom anderen Besuch abzuräumen und abzuwaschen. Danach hatte ich immerhin eine Stunde für mich, bis der Film zu Ende war. Dann spielten sie noch zusammen ein paar von den neuen Spielen und schon war die Feier beendet. Herrlich. Heute kommt noch einmal ein Freund zum Filmabend – Kino geht ja gerade nicht – und dann ist die Geburtstagsfeierei auch schon wieder vorbei.

So ist es wohl in der Zeit von Corona. Alle grüßen auf Abstand – gesungen werden darf nicht mehr – nur von Weitem. Auf den Kuchen zu pusten, den die anderen noch essen wollten – ein No-Go.

Apropos singen: Neulich ging ein Nachbar am Spielplatz vorbei – plötzlich schrie eine Frau vom Balkon: »Happy Birthday!!!!« Der junge Mann lächelte verlegen – er war wohl gemeint – und bedankte sich, indem er schüchtern nickte. Es fehlte nur noch, dass er auch noch ein Ständchen gesungen bekam auf Abstand – lautstark vom Balkon herunter.

Ein bisschen so, wie in dieser alten Werbung, in der die Kinder vor Gefängnismauern schreiend »Happy Birthday« singen für ihren Papa, der dort einsitzt. Und dann wird eingeblendet: Hart aber gerecht. Raubkopierer werden mit bis zu fünf Jahren Freiheitsentzug bestraft! So ähnlich klang das mit dem Happy Birthday (vom Balkon geschrien).

Time After Time

Es war so weit: Auch mich haben die Zeichen der Zeit nicht verschont. Schon gar nicht nach zwei Jahren durchwachter Nächte, Sorgenmachen wegen Wehwehchen bei den Kindern und definitiv zu wenig Pflegezeit im Alltag. Ich starrte auf meine neu gekauften Tiegelchen und Töpfchen, auf denen schamlos stand, dass sie die Zeichen der Zeit reparierten. Ich hätte nie gedacht, dass ich das mal nötig hätte. Mit meinen jugendlichen Genen. Doch um die Wahrheit zu sagen: Selbst meine Mutter mit 62 Jahren sah im Gesicht jünger aus als ich. Also hatte ich mir in einem schwachen Moment endlich mal alles an Cremes gegönnt – die erschwinglichen meine ich – was ich so bekommen konnte und die meines Erachtens der Problemlösung am nächsten kamen. Ich hatte nämlich festgestellt, dass ich Augenschatten und Augenringe hatte, die nicht mehr mit der Kosmetik einer Zwanzigjährigen in den Griff zu bekommen waren und offensichtlich sollte ich mich auch mehr mit YouTube-Tutorials zu dem Thema beschäftigen. Denn neulich ist es mir doch glatt passiert, dass ich mir den roséfarbenen Highlighter nicht auf die Wangen, sondern um die Augen herum aufgetragen habe. Danach sahen diese doch etwas entzündet aus. Ich hatte einfach den Highlighter mit dem Anti-Augenringe-Concealer verwechselt. Ein sehr unschönes Missverständnis, denn leider sah ich das Dilemma erst, als ich mich schon von der Arbeit auf dem Weg nach Hause befand. Die Farbe perlte irgendwie ab und es sah ein bisschen so aus, als hätte ich mich nicht richtig gewaschen an dieser Stelle. Im Nachhinein ist mir jetzt auch völlig klar, warum mein Chef mich so eigenartig gefragt hatte, ob es mir denn gut gehe. Und ich hatte mich ja auch so über diese Betonung gewundert. Es ist ja schließlich so: Du kannst jemanden fragen, wie es ihm heute ginge und ihn dabei anlächeln oder du fragst und schaust und klingst besorgt.

Unter Müttern war es ein absolutes No-Go die Neugeborenen-Mutter auf ihre Augenringe anzusprechen, aber leider war dies eine unausgesprochene Regel, die für den Rest der Gesellschaft anscheinend nicht galt. Da wurde jede Falte schonungslos kommentiert und unterschwellig behauptet, dass man mit zwei Kindern wohl zu viel Stress hätte. Eines davon auch noch in der Vorpubertät und eines in der ersten Trotzphase auf dem Weg zu sich selbst. Ja, ich muss zugeben, so ganz stressfrei ist das sicher nicht.

Und deshalb hatte ich ja auch diesen schwachen Moment. Vielleicht weil kein Eis mehr im Kühlfach war oder das Nutella leer. Wer weiß das schon so genau. Fakt war: Vor mir stand jetzt ein Paket, das versprach, mir bei meinem kleinen Problem zu helfen, nicht mehr so müde, abgekämpft und na ja, wie nach einer durchzechten Nacht auszusehen.

Es begann mit einer Rotalgencreme für den Tag, die alles im Gesicht etwas glätten sollte und an den richtigen Stellen mehr Ausstrahlung verleihen würde. Für die Nacht gab es eine Nachtcreme, eine spezielle Augencreme und ein Elixier, das man sich jeweils vor der Pflege auftragen sollte. Es sah witzig aus. Man nahm eine Pipette und drückte dann die wundersame Flüssigkeit direkt über den Wangen aus. Na ja, auf jeden Fall rocht es nicht nach Medizin, und es fühlte sich wenigstens erfrischend an.

Dann trug ich noch etwas Make-up zur Probe auf – von meiner Lieblingsmarke, deren Produkte alle wie nach den Sechzigerjahren bebildert und benannt sind, und staunte nicht schlecht. Ich sah wirklich passabel aus.
Ich war gespannt, wie lange ich dieses aufwendige Pflegeritual durchhalten würde, aber weniger Augenringe waren es mir wert. Ich hoffte insgeheim, dass mich mal wieder jemand nach meinem Ausweis fragen würde – wie früher, mit fünfunddreißig. Doch das wird wohl Wunschdenken bleiben, jetzt, wo ich mit schnellen Schritten auf die vierzig zuging.

Wochenende und Sonnenschein

Seit einigen Monaten war mein Mann plötzlich an jedem Wochenende zu Hause.

Bisher musste er über zwanzig Jahre immer an zwei Wochenenden im Monat arbeiten. Das bedeutete eine neue Situation für mich und die Kinder, an die wir uns erst mal gewöhnen mussten. Es war wunderbar und gleichzeitig wirklich gewöhnungsbedürftig. Plötzlich hatte man so viel Zeit als Familie miteinander, aber das brachte natürlich auch Reibungspunkte mit sich. Ich sagte gleich vorab, wir seien weit davon entfernt, eine Familie wie bei *Unsere kleine Farm* zu werden, aber ich probierte es trotzdem jedes Mal aufs Neue das zu schaffen.

Ich liebte die Vorweihnachtszeit: Plätzchen backen, Weihnachtslieder hören, gemütlich mit warmen Kakao und Hörspiel basteln, Lebkuchenhaus entwerfen, Salzteig etc. Ich könnte ewig so weiter machen. Mein Großer, mittlerweile neun Jahre jung, backte sehr gern und als ich ihm drei neue Rezepte vorschlug, war er sofort dabei. Er wog mit ab, bereitete den Teig vor. So weit, so gut. Jetzt fehlten nur noch der Papa und Mucki zum vollkommen idyllischen Adventsbacken. Leider war Muckis Mittagschlaf zu kurz ausgefallen und sie zerstörte die Weihnachtsromantik durch ohrenbetäubendes Gekreische, ein Zeichen dafür, dass sie noch müde war. Ich wollte aber nicht von der Tradition abrücken, dass wir alle zusammenbackten. So überredete ich sie sanft, ein Päckchen Vanillezucker dazuzuschütten. Das gefiel ihr. Puh. Dann ging es an den Knusperteig, den wir in Pink und Gelb färbten, rollten, ausstachen. Das fand sie weniger gut. Sie mochte den Teig zwar essen, aber nicht anfassen und ausstechen schon mal gar nicht. Der beste Ehemann von allen wollte das Ganze abbrechen, doch ich wollte immer noch nicht aufgeben. Wieder weinte und kreischte Mucki. Kurz entschlossen drückte ich ihr eine Herzform in die Händchen und dann lachte sie und sagte: »Oh, ein Herz.« Für einen winzigen Moment war es ruhig und schön. Nach zweimal ausstechen hatte sie keine Lust mehr.

Abends sank ich nach diesem Erste-Adventschaos in die Sofakissen. Völlig erschöpft fragte ich den Großen und den besten Ehemann, warum es denn bei uns nie wie in einer Family-Sitcom laufen konnte. So glücklich und harmonisch. Daraufhin antwortete Jojo ganz trocken: »Im Fernsehen gibt es ja auch den Schnitt.«

So einfach war das wohl. Na ja, wenigstens ist unser Familienleben lebendig und nie langweilig.

Need for Speed

Es gab einen neuen Trend in der Kinderwelt. Na ja, so neu war er nicht, aber für uns als Familie schon.

Zauberwürfel in Rekordschnelle lösen. Jeder, wirklich jeder aus Jojos Klasse wollte dieses Jahr zum Geburtstag einen Speed-Cube. Das war der Rubikwürfel nur in 4-x-4-Seiten. Es gab zahlreiche YouTube-Videos zur Auflösung, in schnell und in langsam.

Wenn ich vor über 33 Jahren gewusst hätte, dass mein Sohn ebenfalls einen Zauberwürfel besitzen und diesen dann auch noch lösen wollte. Dass er dies nicht nur zum Zeitvertreib tun wollte. Dass es Weltmeisterschaften gab im Zauberwürfel lösen, dann hätte ich meinem Opa vielleicht an Weihnachten oder überhaupt noch besser zugehört, wie das funktionierte.

Mein Großvater war nämlich passionierter Schachspieler und er liebte die Rubiksachen: den Würfel, die Pyramide, den Zylinder, die Tonne. Er hatte wahrlich eine große Sammlung von diesen Dingen. Um nicht zu sagen, dass er sonstige Dinge auch sehr gern sammelte. Scheinbar liebte er es, sich selbst mathematischen Herausforderungen zu stellen, um diese dann anschließend zu lösen.

Nun leider konnte ich mich für diese Leidenschaft nie erwärmen. Es gab andere Dinge, die Liebe zum Schreiben zum Beispiel, die uns verband, aber so oft er mir den Würfel auch erklären wollte, zu diesem besagten Weihnachtsfest schenkte er mir sogar einen, ich konnte seinen Worten dazu einfach nicht folgen. Nun habe ich sowieso kein mathematisches Geschick vorzuweisen, also versuchte er es anhand von Eselsbrücken, die ich mir merken sollte. Er hätte diese Lösung früher aufgeschrieben ... so etwas wie z. B. »Otto macht lieber Reisen« oder so. Das bedeutete dann »oben, Mitte, links, rechts drehen.« Wie schon gesagt, ich habe regelmäßig abgeschaltet, wenn die Sprache darauf oder auf Schach kam. Ich denke, er war ein bisschen enttäuscht.

Aber an diesem einen Heiligen Abend, wo wir zusammen unter dem Weihnachtsbaum saßen, und er mir wieder einmal seine Formel dazu erklären wollte, nachdem ich so einen Würfel als Geschenk verpackt gefunden hatte, reichte es mir endgültig und ich legte mich schnell auf das Sofa, machte die Augen zu und tat, als würde ich schlafen.

Endlich verstand er, dass ich eventuell zu müde war und ließ mich in Ruhe damit. Meine Mutter wunderte sich sehr darüber und als mein Opa gegangen war, sagte ich ihr, dass ich nur so getan hätte, und dass ich das mit dem blöden Würfel nicht mehr hören könnte.

Und jetzt saß mein eigener Sohn vor mir, machte kleine Wettbewerbe mit seinen Jungs, wer überhaupt den neuen Würfel lösen könnte. Den 4 x 4. Den hat mein lieber Opa nicht mehr kennenlernen können. Es hätte ihm bestimmt gefallen.

Und Jojo hatte sogar eine Dokumentation dazu gesehen, in der zwei der größten Würfelchampions mit der Kamera begleitet worden sind. Einer von ihnen war ein junger Autist, der weltweit alles gewonnen hatte, unter anderem Weltrekorde, was man in diesem Sektor gewinnen konnte und durchs Speedcubing – so nannte man das, wenn ein Würfel in unter sieben Sekunden gelöst werden konnte – einen Zugang zur Außenwelt gefunden hatte – an sich schon ein Wunder. Zudem hat er sich auf einem Podest fotografieren lassen.

Das fand ich echt bemerkenswert und dachte mir, dass ich vielleicht, ja wirklich nur vielleicht, mir jetzt auch mal ein Lösungsvideo anschauen würde und versuchen würde anhand dessen, den normalen 3-x-3-Würfel zu lösen.

Ja, dann ist Advent ...
Vor mir lag eine perfekte Familienfoto-Weihnachtskarte und erinnert mich daran, dass ich schon wieder vergessen hatte, Karten drucken zu lassen.

Jedes Jahr passiert mir das. Ich nahm es mir immer ganz fest vor und dann kamen irgendwie wichtigere Dinge dazwischen und dann, ja dann war es nur noch wenige Tage bis Weihnachten und ich geriet in Stress, das beste Foto auszuwählen und auch noch zu überlegen, was ich gern für einen Text dazuschreiben wollte. Ich hatte da so eine Freundin, die war so ein Multitalent. Sie konnte backen, kochen – letztes Jahr hatte sie eine Challenge am Laufen und sie hatte folgenden Inhalt: Aus einem Indisch-Rezeptbuch jedes Gericht einmal zu kochen, nebenbei zu basteln, die Wohnung zu verschönern, zu studieren, eine Fortbildung nach der nächsten zu machen und, ja an Weihnachten die schönsten Zeilen und Karten zu versenden, die man sich wünschen konnte.

Das alles an sich war schon bemerkenswert, wäre sie nicht auch noch zweifache Mutter gewesen und hätte auch noch einen Mann, der ebenfalls ihre Zeit und Aufmerksamkeit in Anspruch nahm. Überhaupt: Waren es nicht immer auch diese Mütter, die mehr als drei Kinder hatten, die das mit den Weihnachtskarten auch noch jedes Jahr gemanagt bekamen und zudem in den Elternausschüssen in der Kita und der Schule saßen?

Puh. Das wäre mir viel zu anstrengend gewesen, da mit lauter verschiedenen Eltern zu sitzen, von denen jeder eine andere Meinung hatte und ich sollte dann auch noch einen Konsens unter denen finden. Nein, danke!

Aber genau da lag mein Problem. Ich hielt mich selbst für organisiert und strukturiert, zumindest was meine Familie anging. Es ging auch nicht anders, wenn der Mann in vier Schichten arbeitete. Es musste sich alles danach richten. Aber dann wiederum erschien es mir oft so, dass ich eigentlich eine To-do-Liste für meine To-do-Liste gebraucht hätte, ein Post-it zum Erinnern, dass da noch was wartete. Ich hatte zwar letztes Jahr damit begonnen, mein Jahr zu planen und zu organisieren anhand eines sogenannten Bullet Journals – aber leider war es bei der Planung geblieben – schon aufgrund von Corona konnte ich wenig davon umsetzen. Aber das soll keine Ausrede sein.

Offensichtlich war ich nicht dafür gemacht rechtzeitig Weihnachtsgeschenke zu kaufen oder Weihnachtspost zu

versenden und das ist mir jetzt wieder einmal schmerzlich vor
Augen geführt worden.

Wer weiß, vielleicht schaffe ich es ja noch vor dem nächsten Lockdown zur Drogerie zu gehen und Karten drucken zu
lassen und sie so zu versenden, dass sie an Heiligabend auch
hoffentlich ankommen.

Arme hoch ... *oder* **Seltsamer Sprachgebrauch**
Ich musste mich neulich sehr wundern, was da so verbal aus
meinem kleinen Mädchen heraussprudelte.

Ich wusste, dass die Sprache bei Zweieinhalbjährigen
manchmal explodierte. Aber das war schon anders. Wir saßen
am Tisch und kneteten, da nahm sie plötzlich einen Lappen,
wischte fröhlich den Tisch damit und sang: »Arme hoch, die
Putze kommt, die Putze kommt, die Putze kommt ...« Hallo,
die Putze kommt?

Weder ein Familienmitglied, noch ich verwendeten jemals
den Begriff »Putze«, da unsere Eltern aus dem Reinigungsbe-
reich kamen und wir das eigentlich sehr abwertend fanden.
Aber in Muckis Lied steckte soviel Unschuld, dass ich nur noch
lachen musste und mich gleichzeitig fragte, wo sie das her hatte.

Offensichtlich merkte sie nichts davon, dass der Begriff
politisch nicht korrekt war und es interessierte sie auch herz-
lich wenig. Außerdem schnappte sie gerade alles auf und ließ
es dann in einem völlig anderen Kontext mit einfließen. Ein
Beispiel: Mucki wurde gefragt, ob sie einen Bruder habe.
»Nein, ich habe einen Jojo zu Hause, ich habe keinen Bruder.«
Oder: »Mama, Jojo ist doch nicht weg, der spielt doch nur
YouTube (sogar richtig ausgesprochen☺).« Während Muckis
Sprache förmlich über Nacht explodiert war, fragte ich mich

bei meinem Großen, ob er sich sprachlich zurückentwickelte, je näher er an die große Zehn rückte. Es ging in einem fort: »Du A...sch, du A...loch, F...ck«, in jeglichem Zusammenhang. Ob er gerade ein Videospiel spielte oder er seinen Saft verschüttete. Es kam täglich vor. Außerdem das Wort vera...scht. Immer wieder sagte er das zu mir. Leider machte Mucki ihm alles nach und sagte es jetzt auch.

Das wurde schon peinlich, wenn sie in die Kita nach den Weihnachtsferien zurückkam und zu ihrer Erzieherin sagte: »Guck mal, eine tote Fliege.« Und wenn diese dann tatsächlich schaute, grinste Mucki und sagte: »Vera...scht.«

Manchmal glaubte ich, dass man sich als Mutter ebenfalls verbal zurückentwickelte. Ich wusste von mir, dass ich eigentlich jeden Tag die gleichen Dinge sagte. Ist das bei Ihnen nicht auch so? »Zieh dich an ...« – »Hast du deine Hausarbeiten gemacht?« – »Schnaub dir die Nase.« – »Wir essen jetzt.« – »Wenn du dich nicht anziehst und ohne Socken herumläufst, erkältest du dich.« – »Wir gehen jetzt in die Kita, ... gehen jetzt schlafen.« – »Jetzt schauen wir kein Fernsehen mehr«, usw. Mir ging es so wie in dem Pixarfilm *Sing*.

Da will eine Schweinemutter – immerhin hat sie zwanzig kleine Ferkel zu versorgen plus einen Eberehemann – zu einem Vorsingen und nimmt sich dafür die Zeit eine Maschine zu bauen, die ihre Kinder morgens weckt, ihnen die Zähne putzt, das Frühstück macht, die Schultaschen fertig macht und sogar noch dem Ehemann die Schlüssel bringt. Die ganze Zeit hört man ihre Stimme, die auf Band im Hintergrund die Anweisungen gibt.

Was gäbe ich dafür, diese Maschine für meine zwei zu besitzen. Ich hatte auch schon überlegt, ob ich all das, was ich so an einem Tag an Sätzen wiederholte, vorher aufnehme und dann abspiele. Was würde ich an Worten sparen und vielleicht auch an Stress. Ehrlich gesagt, kann ich eine Pause vom Reden ab und zu gut gebrauchen. Einfach mal Klosterstilleschweigen.

Meine Freunde, die auch mit Menschen arbeiteten, konnten das oft sehr gut nachvollziehen und denen musste ich dann auch nicht erklären, warum ich abends nicht mehr so große Lust hatte zu reden und mir auch schlicht gesagt die Worte fehlten. Oft hatte ich Wortfindungsstörungen, wenn ich telefonierte. Ich sprach dann meist sehr umständlich, weil ich einfach vergaß, wie das Wort hieß, nach dem ich suchte. Als Mutter und Erzieherin brauchte man wirklich ab und an eine Sprechpause. Zumal ich abends oft sowieso zu müde war, mich zu unterhalten.

Ich war mir sicher, dass ich damit nicht alleinstand, aber wenigstens fiel es mir immer wieder auf.

Apropos wenigstens – ich hatte mein Buch fertig gelesen (Die Orange-Rhino-Challenge) und versuchte mich nicht für jeden Schrei in die Ecke zu verbannen. Trotzdem hatte mich die Challenge achtsamer gemacht und ich probierte es weiterhin, so gut es ging, zu vermeiden, so schrecklich laut zu werden. Denn, nachdem mein Jojo mir gesagt hatte, dass der Inhalt eines Anschreiens völlig egal sei, weil er dann sowieso nicht mehr zuhören konnte, war ich zu der Einsicht gekommen, dass Schreien eigentlich nur einem half: nämlich mir selbst. Ich wollte den ganzen Druck abzulassen, was ich gefälligst auch mit mir selbst ausmachen sollte. Ich nahm mir vor, den Rat zu beherzigen in einen Topf zu schreien und wer weiß, vielleicht werde ich den Kindern damit auch ein wichtiges Werkzeug mit auf den Weg geben, einfach alles herauslassen zu können.

This Year!!

Dieses Weihnachten war einfach alles anders, kein Krippenspiel, keine Familienessen, keine Christmesse …

Einfach alles abgesagt. Und doch freute ich mich darauf im Lockdown Weihnachten zu feiern. Weil ich mich auf das besinnen konnte, worum es ging.

Auf die gegenseitige Liebe und die Hoffnung, die Unterstützung und das tolle Gefühl, den Liebsten ein Lächeln ins Gesicht zu zaubern, indem man sie ganz besonders überraschte. Normalerweise hüpfte ich um die Zeit in der Küche herum und backte, hörte dazu Mariah Careys Weihnachtshit und versüße mir das Warten auf Heiligabend mit Plätzchen. Aber dieses Jahr hatte einiges von uns allen abverlangt und ich wollte erst einmal durchatmen, bevor ich all diese Aktivitäten anging. Schön war es aber, dass die Kinder sich nicht die Vorfreude nehmen ließen. Mucki, die von all dem Wahnsinn, der da draußen gerade tobte, nichts mitbekam, sang jedes Mal, wenn wir einen Weihnachtsbaum im Vorbeigehen leuchten sahen »Oh Tannenbaum, oh Tannenbaum, wie grün sind deine Blätter.« Gestern steckte sie sich einen Kuschelhasen unter ihr Kleid, klopfte an die Tür bei ihrem Bruder und fragte: »Ist hier noch ein Zimmer frei?« Sie wäre wirklich eine großartige Maria.

Der Große, ganz in seiner Rolle, sagte: »Nein, es tut mir leid, hier ist nichts frei. Probieren sie es da hinten noch mal.« Maria – äh – Mucki ging etwas enttäuscht von der Tür weg und unterwegs rutschte ihr das Baby heraus. Schnell steckte ich es wieder unter ihr Kleid und schickte sie weiter. Sie fragte den Papa, ob er ein Zimmer frei hätte und ob er Josef sein wolle. Und in dem Moment war mir plötzlich klar, dass es genug Dinge gab, für die ich in diesem vollkommen verrückten

Jahr dankbar sein konnte. Und, dass zwei dieser Dinge vor mir standen und gerade aus vollem Hals »Gloria, Gloria in excelsis deo« brüllsangen!!!☺

Am Weihnachtsbaum die Lichter brennen

Ich war so stolz auf mich!!! Ich hatte endlich wieder eine tolle Ausruhzeit mit Mucki gehabt.

Es war in letzter Zeit immer ein Kampf gewesen, sie überhaupt ins Bett zum Mittagschlaf zu bringen. Es war noch nie leicht, aber meistens siegte dann die Müdigkeit. Aber seit einigen Tagen schlief sie nicht mehr ein. Meistens schimpfte ich dann, dass sie die Augen zumachen sollte, weil ich selbst etwas erschöpft war und dringend eine Pause brauchte. Aber heute habe ich sie einfach machen lassen und war erstaunt, wie sie sich selbst die ganze Zeit unterhalten konnte. Ja, sozusagen eine One-Girl-Show.

Zuerst spielte ihr Marienkäferkuscheltier, derzeit hoch im Kurs, die Hauptrolle – immer wieder stritt er sich mit ihr und sie wollte, dass ich ihn ausschimpfte. Am Anfang spielte ich da noch mit. Dann drehte ich mich aus Müdigkeit um und hörte einfach nur zu. »Marienkäfer, du sollst die Augen zumachen. Wenn du die Augen nicht zumachst, kann ich nicht mehr mit dir spielen!« (Oh, oh, da hat sie mir wohl einmal zu viel zugehört). Dann ging es in die nächste Phase – sie strampelte ihre Decke zur Seite und fing an zu singen, erst »Oh Tannenbaum«, dann »Happy Birthday to You«, für wen auch immer … und »Bruder Jakob«. Plötzlich wurde sie ruhiger: »Mama, streichelst du mir die Augen?« Natürlich. Ich fing an sie zu streicheln, hoffte schon auf einen Durchbruch, da machte sie die Augen wieder auf und sagte: »Du bist aber gar kein Sonnenblümchen, du bist ein Spatz, du kannst doch kein Regenbogenkind sein …« Häh? Irgendetwas brachte sie da durcheinander oder unterhielt sie sich jetzt wieder mit ihrem Marienkäfer? Ein bisschen hatte ich Schwierigkeiten, dem Ganzen zu folgen. Ich drehte mich wieder um und blieb ganz ruhig. Wieder wurde es still. Als ich den Fehler machte, sie jetzt zuzudecken, war sie sofort wieder hellwach. »Ich will jetzt aufstehen. Darf ich?« Ich sagte ihr, dass der Papa und der Bruder eine Überraschung für uns vorbereiteten, und wir daher noch ein bisschen ausruhen mussten. Glücklicherweise überzeugte sie dieses Argument und sie blieb noch liegen. Innerlich hoffte ich, dass der beste Ehemann von allen und der Große nicht vergessen hatten, den Baum aufzustellen und die Lichterketten heranzuhängen.

Ich sagte Mucki, ich ginge schnell nachsehen nach der Überraschung und sie blieb brav im Bett liegen. Ich schaute schnell, ob der Baum stand und leuchtete. Er stand, war aber nackt. Kein Schmuck, keine Lichter. Nichts. Ich ging kurz zu den »Männern« und fragte nach: »Wo sind denn die Lichter???«

»Hmm, ja, die haben wir nicht gefunden …«

»Okay«, sagte ich, »ich suche die Lichterketten in der Kammer und ihr hängt sie um den Baum herum, ja?«

»Okay.« Schnell suchte ich alle Leuchtelemente zusammen, legte sie vor die Tür und ging wieder zu Mucki, die vor Freude angespannt war. »Wir müssen noch kurz warten, die Überraschung ist noch nicht fertig …«

Fünfzehn Minuten später schaute ich dann doch noch mal nach. Immer noch kein Licht am Baum. Ich blieb ganz ruhig, auch wenn ich langsam merkte, wie ich meckern wollte.

»Warum sind denn da immer noch keine Leuchter dran? Wir warten die ganze Zeit darauf???«

»Oh! Also, ich hab doch gesagt, dass deine Mutter wartet.« Völlig versunken standen beide in Jojos Legowelt und hatten wieder einmal die Zeit vergessen …

»Ja, sagte ich, fangt ihr jetzt mal an?«

»Ja, ja.« Ich ging schnell wieder zu Mucki, die immer noch brav in ihrem Bett saß …

»Gleich ist die Überraschung fertig!« Unglaublich wie viel Geduld sie heute aufbrachte. Endlich stand der Große in der Tür und sagte: »Ihr könnt kommen«, und leise zu mir gewandt, »aber sag mal, wo ist denn die farbige Lichterkette??? Es ist ja alles nur weiß. Voll langweilig!« Darauf wusste ich auch erst mal nichts zu sagen. So gingen wir endlich in den Essensraum, in dessen kleiner Erkerecke ein wunderbar weiß beleuchteter künstlicher Tannenbaum stand. Muckis Augen strahlten vor Freude und sofort begann sie wieder zu singen: »Oh Tannenbaum, oh Tannenbaum wie grün sind deine Blätter?«

Ganz vorsichtig schmückten wir dann Ast für Ast mit lauter selbst gemachten Salzteiganhängern, die in den Kitajahren von Jojo ihren Platz in unserem Zuhause gefunden hatten. Selbst Mucki passte auf, dass die Kugeln nicht zerbrachen. Gekonnt gab sie die Anweisung an ihren Bruder weiter, wo die lila Kugeln hängen sollten und auch der ganze andere Schmuck.

Und ich muss sagen, er war sehr schön geworden. Diesmal mit echtem Schmuck und nicht nur mit Papierkugeln. Der Heiligabend konnte fast kommen.

Na dann guten Rutsch ...

Weihnachten war sehr ruhig bei uns vieren. Wir hatten uns dazu entschlossen mit den Großeltern über Videochat Geschenke auszupacken und auch Schrottwichteln zu veranstalten, um alle Abstandsregeln einhalten zu können und niemanden unnötig zu gefährden. Ein bisschen seltsam war es schon, aber trotzdem schön.

Nun wollten wir das Jahresende ebenfalls nur zu viert begehen und ich dachte mir ein paar Dinge aus, um das Ganze etwas spannender zu gestalten. Zuerst schminkte ich uns alle. Die Kleine als Prinzessin mit Diadem und Ballettkleidchen mit Plisseerock. Mich selbst so ähnlich wie sie und dem Großen malte ich seine Lieblings-Gamer-Figur ins Gesicht. Wir machten uns richtig schick, als wären wir zu einer Party eingeladen und kamen endlich aus unserem Schlabberchicmodus heraus. (Anmerkung an dieser Stelle: Einige meiner Homeoffice-Freundinnen haben auch überlegt, ob sie sich für ein Fest zu viert unter sich wirklich schick machen sollten oder das neue Jahr gemütlich in Jogginghosen begehen, wenn doch eh keiner zusah. Ich wollte das auf keinen Fall, es war nun mal kein Tag wie jeder andere und genauso wollte ich mich auch modisch äußern!!)

Wir aßen also im Festoutfit die traditionellen Pfannkuchen, wobei ich dieses Jahr auf meine Eierlikörpfannkuchen verzichten musste. Der beste Ehemann von allen hatte sie schlicht und einfach vergessen. Wir machten noch schnell ein kleines Grußvideo, bevor die Schminke wieder verwischt war und wir eventuell zu bekleckert aussahen.

Als nächstes Highlight veranstalteten wir ein Dance-Battle zu Club-Hip-Hop-Musik von früher. Mädchen gegen Jungs.

Und wir Mädels waren ganz klar besser, wobei Jojos Fake-Breakdance-Moves es uns nicht leicht machten. Aber Muckis Drehungen um sich selbst brachten dann doch mehr »Punkte«. Selbst der Ehegatte traute sich ein paar Drehungen am Boden zu, allerdings sah es eher nach Flying Steps in Slowmotion aus. Wir beschlossen normal um 22.00 Uhr ins Bett zu gehen, die Kleine natürlich früher, der Große durfte mit dem Papa ein bisschen Kinder-Feuerwerk machen und danach ging es ab ins Bett, da der Papa am nächsten Morgen sehr früh zur Arbeit antreten musste.

Aber wir stellten uns den Wecker um 24.00 Uhr und verabredeten uns zum gemeinsamen Anstoßen und Feuerwerk anschauen. Es war bereits 24.00 Uhr und unser Großer wurde irgendwie nicht so richtig wach. Wir nahmen ihn aus dem Bett, wohl wissend, dass er sonst sehr sauer mit uns wäre, hätten wir ihn das Feuerwerk einfach verschlafen lassen.

Als er immer noch nicht richtig wach war, telefonierten wir schnell mit unseren Familien, und hofften schon schnell wieder ins Bettchen kriechen zu können, als der Große plötzlich vor uns stand und schimpfte: »Ich habe das Neujahr verschlafen.« Hatte er nicht. Wie auf Kommando gingen in dem Moment ein paar Leuchtraketen hoch und ließen den Himmel in einem grellen Licht erstrahlen. Ein richtiges Neujahrsfeuerwerk, dann stießen wir an und drückten uns ganz fest. Der beste Ehemann von allen hatte sich in der Zwischenzeit heimlich in sein Bett verzogen. Ich sagte dem Großen wie stolz ich auf ihn sei und mich freute mit ihm zusammen das neue Jahr begrüßen zu können.

Als Mucki kurz darauf von der »Knallerei« wach wurde, sah sie das Leuchten am Himmel und sagte verschlafen zu mir: »Mama, guck, der Himmel glitzert!«

O ja, das tat er. Trotz der vielen Einschränkungen, die wir dieses Jahr erlebt hatten, glitzerte und funkelte der Himmel und machte einfach nur Hoffnung auf ein neues Jahr mit weniger Abstand und wieder mehr Liebe und Umarmungen.

Als alle wieder im Bett waren, ging ich barfuß in den Wintergarten und machte ganz allein mit mir und meinen Gedanken meinen obligatorischen Jahresrückblick und ging gleichzeitig mit ein paar neuen Vorsätzen ins anbrechende Jahr: Auch in einer Zeit, die weltweit als Krise betitelt wurde, war ich für so viele Dinge einfach nur dankbar. Dass auch dieses Jahr so viele zauberhafte, wundervolle, witzige, überraschende und berührende Momente und Begegnungen für mich bereit gehalten hatte, dass ich auch dieses letzte Jahr so oft auftanken konnte bei wunderbarem indischen Essen, das unter anderem meine Freundin selbst gekocht hatte und neue Menschen über ein digitales Konferenzformat kennenlernen durfte, mit denen ich auch über Videochat tiefe Gespräche führen konnte.

Mit meiner lieben Cousine, die jetzt weiter weg von mir wohnte, hatte ich es sogar eingerichtet, uns wöchentlich zu sagen, wofür wir dankbar waren. Das zu formulieren hat uns Freude und Mut gemacht, Spaß bereitet und wir haben das gut hinbekommen. Meine Cousine hatte diese Idee irgendwo im Netz gefunden. Eine wirklich gute Methode, sich mal nicht nur auf das zu fokussieren, was nicht so gut gelaufen ist.

Neulich habe ich ein wunderbares Hörbuch zu dem Thema, wie man aus einem Zitronentag Limonade macht, gefunden. Unter anderem ging es darum, nicht alles an Verletzungen und schlechten Gefühlen zu sammeln wie ein Messie, sondern mal innerlich so richtig aufzuräumen, weil man sonst gar keinen Platz mehr hätte für neue schöne Erlebnisse.

Ich lernte im letzten Jahr auch meine Freundinnen ganz neu und besser kennen, zum Beispiel anhand einiger lustiger Kennenlernfragen (aus einer Zeitschrift kopiert – beliebte erste Dating-Kennenlernfragen oder so) wie: »Was ist dein Lieblingsfilm?«, oder: »Was ist dein Lieblingslied?« Aus den Antworten wurden plötzlich ganz tiefgründige Gespräche oder auch humorvolle. Danach wusste ich Dinge über sie, die ich vorher in den ganzen Jahren nicht wusste. Außerdem war ich nun up to date, was neue Stars in der deutschen Comedy- und Poetry-Slams-Szene betraf, wie zum Beispiel Till Reiners, mit seinem sehr trocknen Humor, was ich aber gerade als witzig empfand.

Und meine Vorsätze, ach ja ... na, die sind noch mal ein letztes Kapitel in diesem Buch wert.

Happy New Year!!!!
Okay, ich hatte ja gesagt, ich würde von meinen Vorsätzen schreiben.

Meine Vorsätze für dieses Jahr waren, mir endlich einmal tatsächlich erreichbare Ziele zu stecken. Ich habe mir einen Bullet Planner gebastelt, nachdem ich ein Anleitungsbuch dafür zu Weihnachten geschenkt bekommen habe. Ein Bullet Planner oder auch Bullet Journal ist eine Mischung aus einem Terminplaner, einer To-do-Liste und einer Vorsatzliste. Noch vor drei Jahren haben meine Cousine und ich immer an Silvester zusammengesessen und haben eine Liste für das kommende Jahr erarbeitet, in der wir unsere individuellen Ziele festgehalten haben. Jetzt, wo sie umgezogen ist, hat sie mir dieses Anleitungsbuch geschenkt, damit ich mir selbst so eine Bullet List schreibe.

Wir haben zusammengesessen und uns dreimal im Jahr vorgelesen, was bei der Umsetzung unserer Vorsätze tatsächlich herausgekommen war.

Was wir schon erreicht hatten, was wir an Terminen umgesetzt hatten, für unsere Kinder und so weiter. Das war ziemlich befreiend, weil man das nicht immer alles im Kopf behalten musste. In unserem, von ihr gebastelten Büchlein, stand das alles niedergeschrieben und nachvollziehbar für ein ganzes Jahr. Natürlich wurden manche Sachen verschoben auf das nächste Jahr, wenn es die Zeit nicht zuließ oder die Motivation nicht ausreichte.

Heute sitze ich da mit wenig Zielen:

Ich möchte geduldiger werden mit mir selbst und meiner Familie und etwas mehr darauf achten, dass unser Zuhause ordentlich und sauber bleibt. Diesen Schritt bin ich schon angegangen. Ich habe die letzte Woche noch schnell mal alles gesäubert und entrümpelt, was ich in die Finger bekam. Nebenbei bin ich dem Chaos auf den Leib gerückt und habe ganz nach Simplify-Methode aussortiert und aufgeräumt und bin fast in einen Rausch geraten, alles wieder zu verschönern. Sämtliche Rumpelecken wurden entmüllt und haben neue Verwendung gefunden. So ist zum Beispiel aus einer mehr schlechten als rechten *Was-ist-was*-Bibliothek auf unserer Bettwäschekommode eine leicht beleuchtete Fotorahmenecke geworden. Richtig heimelig sieht die jetzt aus. Und die Bücher haben auch ihren rechtmäßigen Platz im Junior-Kinderzimmer gefunden.

Ja, ich muss zugeben, dieses Ausmisten ist wirklich befreiend. Gerade dabei fallen mir immer wieder Dinge und Briefe von früher in die Hände, die mich daran erinnern, wer ich vorher war, und zu wem ich jetzt geworden bin. Es wurden schon einige Lieder zu dem Thema »Was würde ich meinem Sechzehnjährigen/Zwanzigjährigen Ich raten oder sagen wollen« geschrieben. Hmm. Da stehe ich vor einem Tagebuch aus einer Zeit, als ich noch ein Teenie war und zu Hause lebte. Was würde ich dem Ich sagen wollen? Vielleicht: »Happy New Year, Kleine. Mach dir keine Sorgen, es wird einfacher und es wird besser. Versuch immer einen Tag nach dem anderen zu leben und der Rest kommt ganz von allein. Du musst die Last der Welt nicht auf deinen Schultern tragen. Es gibt einen, der das besser kann.«

Aber vor allem anderen: »Nimm dich selbst nicht immer so ernst und das Leben mit Humor. Lass Platz für schöne Dinge und Erlebnisse.«

Und genau das ist es, was ich mir für dieses Jahr auch vornehme: Platz haben in mir für schöne Dinge und Erlebnisse, zauberhafte Momente und noch mehr Musik, Tanzen und Kreatives. Weniger Raum schaffen für Ärgerliches, Probleme und Sorgen.

Getreu dem Motto: »Alles wird und kann besser werden, wenn du es zulassen kannst.«

Danke

Danke JESUS, dass du mir die Freude am Schreiben geschenkt hast!

Es gibt viele Menschen, denen ich an dieser Stelle zu danken habe, aber ich kann sie nicht alle namentlich aufzählen.

Vor allem will ich meinem Mann danken, der mir Zeiten zum Schreiben frei geräumt hat, immer wieder, weil er daran geglaubt hat, dass ich es schaffe, dieses Projekt zu Ende zu führen.
Er war es auch, der mich immer wieder neu dazu herausgefordert hat, weiterzumachen, wenn mir die Motivation oder Inspiration gefehlt hat. Ich liebe dich.

Auch meinen Kindern danke ich, durch die ich jeden Tag ein besserer Mensch sein will, damit ihre Welt schöner ist. Sie haben mich an so vielen Stellen inspiriert und zum Lachen gebracht, während ich hier saß beim Schreiben über sie. Ich hab euch lieb.

Meinem Bruder Marci, meiner Mutter und meinem Papa gebührt ebenfalls Dank, weil ich immer wieder zu ihnen kommen kann, wenn ich nicht weiterweiß, und weil sie mich immer wieder ermutigt haben weiterzuschreiben. Ich liebe euch.

Ich danke all meinen Freunden und Verwandten:
M. und M. und V.: Habt Dank für das gemeinsame Schwitzen bei der Skype-Fitness, und dass ihr für den Großen trotz Einschränkungen immer wieder großartige Erfolgserlebnisse beim Judo schafft. Ich hab euch lieb.

M. und B. und L.: Schön, dass es euch gibt!! Ich hab euch lieb.

Ebenfalls meiner lieben Schwiegerfamilie. Ich hab euch lieb.

Y.: Dafür, dass aus einem Blog jetzt ein ganzes Buch geworden ist, dank eines lustigen Brainstormings. Danke dir. Ein Herz für dich und G. Ich hab euch lieb.

Meinen lieben Mädeas ein großes Dankeschön, dass sie an mich geglaubt haben als Schriftstellerin, als ich selbst noch nicht daran geglaubt habe.

Den Gemas, mit denen ich trotz der vielen Einschränkungen immer wieder genug zu lachen und zu weinen hatte. Danke, dass ihr immer eure Geschichten mit mir teilt!!! Es geht nicht mehr ohne euch! Ihr seid einfach großartig.

Meiner lieben Freundin Mad, mit der mich immer eine halbe Lebensgeschichte verbinden wird und eine tiefe Freundschaft und ein Verständnis füreinander, gerade weil man um die Macken der anderen weiß und sie gerade dafür noch mehr liebt.

S. und D. für so viel tolle Abende, manche live, manche am Videochat.

A., du bist so stark und wundervoll und ein so großes Vorbild, nicht nur als Mutter. Danke, dass wir Freundinnen sind.

M., du bist eine der Frauen, mit denen man ganze Abende tanzen und durchquatschen kann, auch wenn sie Kinder hat. Ich bin unheimlich dankbar für unsere Freundschaft!

Jo, danke, dass wir so viel getanzt haben, obwohl wir beide durchwachte Nächte hatten.

Für meinen lieben Frauenkreis und die Frauen aus der Gemeinde. Ihr wisst, wer gemeint ist: Ihr inspiriert mich, durch eure Art durchs Leben zu gehen, mit Gott an eurer Seite.

Danke für so viele tiefe Gespräche und Gebete auch gerade in einer Zeit, in der wir uns so gut wie nie live gesehen haben.

Kat, dass sie, obwohl uns viele Meilen und ein ganzer Ozean trennen, immer Zeit hat, mir zu sagen: »Chill mal, alles wird gut«, und ich sie wirklich zu jeder Zeit, trotz Verschiebung, erreichen kann. Love ya.

Meiner holländischen »Familie«, die mich immer darin unterstützt haben, kreativ zu sein. Ik hou van jullie.

Y. von M. ich danke dir, dass wir als Mütter zusammenhalten und auch viel zusammen lachen. Gerade in einer Zeit, in der es nicht so viel zum Lachen gab.

Unseren lieben Nachbarn, die uns so oft unterstützen, zum Lächeln bringen, den Kindern das Leben versüßen.

Danke euch allen.

Und denkt dran: Manchmal muss es Zuckerwatte sein!!!!

Zeitfracht Medien GmbH
Ferdinand-Jühlke-Straße 7
99095 Erfurt, Deutschland
produktsicherheit@kolibri360.de